DU
DOMAINE PUBLIC

MARITIME,

A l'usage des Administrateurs de la Marine,
et des Propriétaires riverains,

Par M. A. DUCHESNE,

SOUS-COMMISSAIRE DE LA MARINE,

MEMBRE DU CONSEIL GÉNÉRAL DU DÉPARTEMENT DE LA GIRONDE,

OUVRAGE PUBLIÉ SOUS L'AUTORISATION

De S. Ex. l'Amiral Ministre de la Marine et des Colonies.

Un vol. in-8°, prix : 5 francs.

« Le Ministre de la Marine a la
« police spéciale de tout ce qui
« concerne l'usage de la mer et
« ses rivages. »

ROYER-COLLARD.

A PITHIVIERS,

CHEZ CHENU, IMPRIMEUR-ÉDITEUR, RUE DE LA RIBELLERIE, 21.

1856.

DU DOMAINE PUBLIC

MARITIME,

**A l'usage des Administrateurs de la Marine,
et des Propriétaires riverains.**

PITHIVIERS. — IMPRIMERIE DE CHENU.

(C.)

DU
DOMAINE PUBLIC
MARITIME,

A l'usage des Administrateurs de la Marine, et des Propriétaires riverains,

Par M. A. DUCHESNE,

SOUS-COMMISSAIRE DE LA MARINE,

MEMBRE DU CONSEIL GÉNÉRAL DU DÉPARTEMENT DE LA GIRONDE,

OUVRAGE PUBLIÉ SOUS L'AUTORISATION

de l'Amiral Ministre de la Marine et des Colonies.

Un vol. in-8°, prix : 5 francs.

« Le Ministre de la Marine a la
« police spéciale de tout ce qui
« concerne l'usage de la mer et
« ses rivages. »

ROYER-COLLARD.

A PITHIVIERS,
CHEZ CHENU, IMPRIMEUR-ÉDITEUR, RUE DE LA RIBELLERIE, 21.

1856.

DU DOMAINE PUBLIC MARITIME.

INTRODUCTION.

Le domaine public maritime !... qu'est-ce que ce domaine ? d'où provient-il ? est-ce une innovation de la législation moderne ? Telles furent les questions que souleva
l'apparition du décret — loi du 21 février 1852 — intitulé
Domanialité maritime. Cependant ce décret ne faisait que
rappeler des dispositions légales depuis trop longtemps mé-
connues. En effet, le domaine public maritime est nettement
indiqué dans le livre IV, titre VII, de l'ordonnance de la
marine du mois d'août 1681, et l'article 538 du code Napoléon en fait une mention expresse. Mais depuis la suppres-
sion de l'amirauté, le département de la marine, préoccupé
d'intérêts extérieurs qui absorbaient toute son action, avait
abandonné à des administrateurs, complètement étrangers
aux choses de la marine, la surveillance et la direction de
ce patrimoine des hommes de mer. De là, de nombreux abus,
de regrettables empiétements, qui ne tendaient à rien moins
qu'à restreindre l'action de l'inscription maritime, et compromettre par suite le recrutement de la flotte nationale.

Le décret — loi du 21 février 1852, — en rappelant à
l'exécution des anciennes règles touchant la surveillance du
domaine public maritime, a donc rendu un véritable ser-

vice à la marine. Mais les autorités maritimes, tenues depuis trop longtemps en dehors de tout ce qui intéresse la police des rivages de la mer, peu familiarisées en outre avec certaines questions de grande voirie que venait soulever la loi nouvelle, avaient besoin d'être éclairées dans leur marche comme dans l'exécution de prescriptions tout-à-fait en dehors de leurs habitudes de service. Ce nouvel état de choses a donc nécessité que de nombreuses dépêches et circulaires vinssent préciser le plus clairement possible la portée des nouvelles attributions qui étaient dévolues aux fonctionnaires du département de la marine. De là, la pensée qui nous est venue de rassembler dans un seul et même cadre, de résumer dans un petit nombre de pages, tout ce qui peut intéresser ces fonctionnaires quant à la surveillance du domaine public maritime. La police de la grande voirie et la police matérielle de la pêche maritime, tels sont les deux points de vue principaux sous lesquels nous considérons ce domaine. Nous ne traitons point le fond du droit, ce qui serait dépasser le but que nous nous sommes proposé. La forme seule nous préoccupe, parce qu'en effet, c'est dans la forme seule que se résument les attributions de l'administration de la marine en matière de domanialité publique maritime. Pour rendre encore plus facile l'application des dispositions de détail qu'entraîne nécessairement l'exécution de la loi du 21 février 1852, nous donnons à la suite de notre travail, sous forme d'annexes, et dans l'ordre chronologique, le texte des divers documents officiels relatifs à cette branche nouvelle du service de l'inscription maritime.

Les jeunes gens qui se destinent aux examens d'aide-commissaire de la marine trouveront dans cet ouvrage d'utiles renseignements pour leur faciliter l'étude plus approfondie de la matière ; et les propriétaires riverains y trouveront les moyens de s'éviter, dans beaucoup de circonstances, de fâcheux désagréments.

C'est aussi en considération de l'utilité pratique de ce livre, que, par une dépêche du 28 juin 1855 (cabinet du ministre) adressée à M. le Préfet maritime du 4ᵉ arrondissement, S. Ex. l'amiral ministre de la marine et des colonies en a approuvé la publication immédiate.

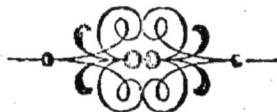

DU
DOMAINE PUBLIC
MARITIME.

CHAPITRE PREMIER.

DU DOMAINE PUBLIC EN GÉNÉRAL.

On entend par *Domaine public,* en général, la réunion des biens dont la propriété appartient à l'État, l'usage aux par-ticuliers, et dont les revenus grossissent le trésor public.

Voici, quant aux objets qui composent le Domaine pu-blic, les termes de la loi fondamentale : (*Code civil, livre II, titre Ier, chapitre III.)*

« ART. 538. — Les chemins, routes et rues à la charge
» de l'État, les fleuves et rivières navigables ou flottables,
» les rivages, lais et relais de la mer, les ports, les hâvres,
» les rades et généralement toutes les portions du territoire
» français qui ne sont pas susceptibles d'une propriété pri-
» vée, sont considérées comme des dépendances du domaine
» public.

» ART. 539. — Tous les biens vacants et sans maître, et
» ceux des personnes qui décèdent sans héritiers, ou dont

» les successions sont abandonnées, appartiennent au do-
» maine public.

» ART. 540. — Les portes, murs, fossés, remparts des
» places de guerres et des forteresses, font aussi partie du
» domaine public.

» ART. 541. — Il en est de même des terrains, des fortifi-
» cations et remparts des places qui ne sont plus places de
» guerre : ils appartiennent à l'État, s'ils n'ont été valable-
» ment aliénés, ou si la propriété n'en a pas été prescrite
» contre lui. »

Il résulte de la teneur de ces articles que le domaine public se compose de trois sortes de biens :

1° De ceux qui servent à l'usage public et commun, et
ne peuvent être dès-lors la propriété exclusive de personne,
tels que les chemins, fleuves, rivages de la mer, etc. : dans
ce sens le domaine public est inaliénable, il est imprescriptible (1).

2° De tous les biens vacants et sans maîtres légaux ;

3° De certains biens d'une nature particulière, tant qu'ils
conservent cette nature. Mais ces deux dernières espèces de
biens, malgré qu'ils soient placés par la loi dans le domaine
public, peuvent devenir propriété privée, et par suite, susceptibles de prescription :

Ainsi, on ouvre une nouvelle route, et on renonce à l'ancienne, dont le terrain devient aliénable.

Le ministre de la guerre déclare que telle ville cesse

---

(1) C. civil. — « ART. 2226. On ne peut prescrire le domaine des
» choses qui ne sont point dans le commerce. »

d'être place de guerre, et il remet les terrains des fortifications à l'administration des domaines, pour être ven-
dus, etc.; par ces changements de destination, ces parties
du domaine public entrent dans le domaine aliénable et
prescriptible de l'État.

Une exception a été faite à la condition des biens énon-
cées en l'article 538 du Code civil; elle est relative aux
lais et relais de la mer, que la loi postérieure du 16 septembre 1807 range au nombre des choses qui peuvent faire
l'objet d'une concession de la part de l'État à des particuliers. Ainsi, maintenant les lais et relais de la mer sont susceptibles de possession individuelle à titre de propriété
privée; ils subissent donc alors la loi commune à toutes les
propriétés particulières.

Le domaine public est géré, sous la haute direction des
préfets de départements, par une administration spéciale
comme sous la dénomination d'*Administration de l'Enregistrement et des Domaines.* Toutefois, certaines portions
de ce domaine, que leur destination place dans une sphère
d'intérêts spéciaux, sont, par cela même, rangées sous l'administration des fonctionnaires appelés à protéger plus effi-
cacement ces intérêts. Ainsi tout ce qui concerne le domaine
public militaire ressortit à l'autorité militaire; de même
l'autorité maritime exerce une action particulière sur tout
ce qui intéresse le domaine public maritime. Mais l'administration générale des domaines ne reste pas pour cela
complètement étrangère aux soins de conservation de ces
deux portions du domaine public. Chargée surtout de re-
présenter les intérêts financiers de l'État, elle exerce une
surveillance générale sur ces parties du domaine national
que leur destination soustrait momentanément à son admi-

nistration directe, mais qui peuvent perdre cette destination.

Nous ne terminerons pas ce chapitre sans consigner ici une remarque qu'il ne faut jamais perdre de vue, lorsqu'il s'agit de questions de domaine public : ce n'est pas à raison de leur nature que les biens du domaine public diffèrent des biens du domaine de l'État, c'est à cause de leur destination et de leur usage actuel ; c'est parce qu'ils ne sont pas, en tant que jouis et possédés par le public, susceptibles d'une propriété privée, qu'ils sont, sous ce rapport seulement, frappés d'inaliénabilité et d'imprescriptibilité, et tant que cette jouissance ou occupation dure. Mais dès que la destination de certains de ces biens est changée dans les formes légales, que l'usage en est par suite complètement modifié, dès que la jouissance ou l'occupation publiques cessent, la condition fondamentale d'inaliénabilité disparaît aussi devant ces transformations. Nous avons cité des exemples de faits de cette nature au commencement du présent chapitre.

Il est à remarquer au surplus que ces mots *Domaine public,* en tant qu'ils s'appliquent aux choses dites *res nullius* dans le langage du droit, c'est-à-dire, à celles dont l'usage est commun à tous, et la propriété n'appartient à personne, ne signifient pas la propriété dans l'acception ordinaire de cette expression, mais dans le sens où l'enseigne l'auteur du traité du *Domaine public,* M. Proudhon :

« Nous voyons d'abord, dit ce savant professeur, en ce
» qui touche le domaine public, que l'association de ces
» deux expressions se rapporte, soit à la puissance publi-
» que, qui gouverne les objets de ce domaine, soit aux
» choses publiques, qui sont soumises à la régie de cette

» puissance, c'est-à-dire, aux choses qui sont, par les lois,
» destinées et asservies à l'usage de tous, et dont la pro-
» priété n'appartient exclusivement à personne, telles que
» les chemins publics, les routes, les rivières naviga-
» bles, etc., etc.

» C'est par la destination de ces diverses espèces de
» fonds que leur domaine est qualifié de domaine public,
» soit parce qu'ils sont asservis à l'usage du public, soit
» parce que c'est à la puissance publique à protéger la
» jouissance que la société entière à le droit d'exercer sur
» eux.

» Le domaine public, matériellement considéré, s'entend
» donc des choses qui appartiennent à l'être moral et
» collectif que nous appelons le public, comme le domaine
» privé s'entend des choses qui appartiennent aux diffé-
» rents particuliers. Mais pour bien saisir la différence
» essentielle qui existe entre ces deux espèces, il faut
» pousser la comparaison plus loin.

» Le domaine qui appartient aux particuliers est un do-
» maine de propriété, ou, en d'autres termes, c'est le do-
» maine des choses qui appartiennent à leurs maîtres pri-
» vativement à tous autres, attendu que la propriété
» consiste dans ce qui vous est propre à l'exclusion de tous
» autres, et cela s'applique également aux choses apparte-
» nant aux communes ou à l'État, qui, comme êtres moraux
» et collectifs, possèdent aussi leurs biens à l'exclusion de
» tous autres.

» Mais ce caractère exclusif, suivant lequel nul autre que
» le maître de la chose n'a le droit de participer à la jouis-
» sance de sa propriété, ne peut convenir aux biens qui
» composent le domaine public, puisque chacun a égale-

» ment et au même titre, le droit d'en jouir suivant leur
» destination, et que ce droit appartient même aux étran-
» gers qui se trouvent à portée d'en user.

» Le domaine public n'est donc pour personne, ni même
» pour l'État, un domaine de propriété, puisque nul n'en
» est exclus.

» Il résulte de là que l'espèce de possession que le gou-
» vernement exerce sur les fonds de ce domaine, n'a lieu
» qu'au nom et dans l'intérêt du public ; que c'est l'être
» moral que nous appelons *le public* qui est le vrai posses-
» seur du fonds, et doit avoir, au besoin, les avantages de
» la prescription acquisitive du terrain ; qu'en ce qui touche
» aux intérêts de l'État, le gouvernement n'exerce qu'un
» possessoire de protection, pour assurer à tous la jouis-
» sance du fonds, et non un possessoire de propriété pour
» s'attribuer exclusivement les prérogatives ou les avan-
» tages attachés au titre de propriétaire exclusif du sol.

» Ainsi le domaine public national activement considéré,
» consiste dans le pouvoir même que le gouvernement exerce
» par sa haute administration sur les objets nécessaires aux
» besoins et aux service publics, et, en le considérant pas-
» sivement, ou par rapport aux choses auxquelles il s'ap-
» plique, il consiste dans la généralité des fonds qui sont
» asservis à l'usage ou à la protection de tous, sans être la
» propriété de personne. »

Cette définition du domaine public, bien qu'un peu dif-
fuse, établit parfaitement la nature de ce domaine telle que
l'entend l'article 538 du Code civil, qui, en effet, n'a point
en vue le domaine de propriété, mais bien le domaine de
souveraineté.

De cette définition ressort aussi d'une manière évidente le caractère d'inaliénabilité et d'imprescriptibilité du domaine public, comme étant placé hors du commerce. Le Code civil n'a fait que consacrer les anciens principes à cet égard (1), principes que sont encore venus confirmer depuis lors un grand nombre d'arrêts de la Cour de cassation.

---

(1) « ART. 1128. Il n'y a que les choses qui sont dans le commerce, » qui puissent être l'objet de conventions.

» ART. 1598. Tout ce qui est dans le commerce peut être vendu lors- » que des lois particulières n'en ont pas prohibé l'aliénation.

» ART. 2226. On ne peut prescrire le domaine des choses qui ne sont » point dans le commerce. »

CHAPITRE DEUX.

DU DOMAINE PUBLIC MARITIME, EN PARTICULIER.

Le domaine public maritime en particulier se compose :

1° De la mer territoriale et de ses rivages ;

2° Des lais et relais de la mer, tant qu'ils ne sont ni affermés ni concédés ;

3° Des alluvions et atterrissement formés par la mer, qu sont dans les mêmes conditions ;

4° De la partie des fleuves et rivières jusqu'où s'étendent les eaux de la mer, c'est-à-dire, jusqu'où les eaux sont salées.

En droit, comme nous l'avons déjà fait remarquer dans le chapitre précédent, cette portion du domaine public suit le sort du domaine public en général : elle est placée sous la direction supérieure des préfets de départements. Seulement, en raison de la spécialité de cette partie du territoire national, l'administration de la marine est appelée à y exercer une action déterminée par le plus ou moins d'affinité de ces terrains aux choses de la marine. Ainsi, par exem-

2

ple, au département de la marine appartient exclusivement le droit d'autoriser, à titre temporaire et gratuit, l'établissement des parcs et pêcheries sur la mer et ses rivages, parce qu'alors, en effet, il s'agit d'un intérêt maritime de premier ordre, l'intérêt général de la navigation. Mais quant aux établissements sur le rivage, destinés à tout autre usage qu'à celui de la pêche, ils suivent la loi commune. Seulement, aucune autorisation à ce sujet ne peut être accordée par l'autorité compétente qu'après l'assentiment du ministre de la marine et des colonies. Tel est le vœu formel de l'article 3 du décret législatif du 21 février 1852, dont voici la teneur :

« L'avis du ministre de la marine sera réclamé en ce qui » concerne la concession des lais et relais de la mer, et son » assentiment devra être obtenu pour les autorisations re- » latives à la formation d'établissements, de quelque nature » que ce soit, sur la mer et ses rivages. »

SECTION PREMIÈRE.

De la Mer territoriale et de ses rivages.

La mer territoriale et ses rivages forment la partie la plus considérable et la plus importante à la fois du domaine public maritime d'un État. C'est aussi sur cette portion du territoire national que s'exerce de la manière la plus complète l'action de l'autorité maritime. Mais que faut-il entendre par *Mer territoriale*, et jusqu'où s'étendent à cet égard les droits de la puissance dont cette mer baigne les côtes ? Malgré les opinions divergentes des auteurs, dont les uns, tels que Grotius et Bynkershoek, comprennent dans le territoire d'une nation tout l'espace de mer qu'on peut défendre de terre (1); les autres, tels que Valin, considèrent comme mer territoriale de la nation propriétaire de la côte voisine, toute l'étendue de la mer adjacente où l'on peut trouver le fond (2). Il est aujourd'hui généralement admis en principe par la coutume internationale, que la mesure la plus rationnelle pour l'étendue de la mer territoriale est la plus grande portée du canon à partir du rivage. C'est la règle du publiciste Wheaton mise en pratique : *Terra dominium finitur ubi finitur armorum vis* (3). Seulement il faut remarquer que cette expression *Dominium* entraîne avec elle une idée de droit de propriété ou de domaine qui ne saurait convenir à cette portion de mer qui avoisine les côtes d'une nation. Ce droit, en effet, n'est réel et absolu qu'à l'égard des ports, rades, golfes, baies, et tous les enfoncements connus sous d'autres dénominations, lorsque ces enfoncements, formés par les terres d'un même état, ne dépassent pas en largeur la double portée du canon, ou lorsque l'entrée peut en être gouvernée par l'artillerie, ou qu'elle est défendue naturellement par des îles, par des bancs ou par des roches. Mais hors de là, le droit qui existe sur la mer territoriale, n'est pas un droit de propriété, mais bien un droit d'empire et de juridiction. Il ressort évidemment des considérations qui précèdent que la mer territoriale ne saurait devenir le patrimoine de personne, et que si la portion de cette mer enclavée dans les terres d'un État est

---

(1) Grotius, *Droit de la guerre et de la paix*, liv. 2, chap. 3, §§ 13 et 14. — Bynkershoek, *de Dominio maris*, cap. 2.

(2) Valin, *Commentaire de l'ordonnance de 1681*, liv. 5, titre Ier.

(3) Wheaton, *Elem. of intern law.*, vol. 1, chap. 4, § 7.

la propriété de cet État, cette propriété est commune à tous les citoyens du même État, et, par conséquent, inaliénable et imprescriptible.

Voilà quant à la mer; voyons maintenant les conditions dans lesquelles se trouvent les rivages de la mer. Et d'abord, se présentent ces questions : Qu'est-ce, à proprement parler, que le rivage de la mer? Où finit ce rivage? Jusqu'à quelle distance pénètre-t-il dans les terres?

« Sera réputé bord et rivage de la mer, tout ce qu'elle
» couvre et découvre pendant les nouvelles et pleines
» lunes, et jusqu'où le grand flot de mars se peut étendre
» sur les grèves. »

Telle est la définition de l'ordonnance de la marine de 1681 (*Liv. IV, tit. VII, art. 1er*).

Le rivage de la mer, disait Cicéron, dans un arbitrage où il fût appelé à statuer sur la valeur de ce terme, le rivage s'étend jusqu'à la plus haute élévation des flots de la mer : *Littus est quousque maximus fluctus hibernus a mare pervenit, idque Marcum Tullium aiunt, cumarbiter esset constituisse* (Liv. 96.) ;

Et les Institutes (*liv. 2, § 3*) complètent cette définition, en ajoutant qu'il faut considérer comme rivage de la mer toute l'étendue de terrain couverte par les flots pendant le gros temps d'hiver : *Est autem littus maris, quatenùs hiberum fluctus excurrit.*

L'on remarque dès l'abord une sorte de contradiction entre les termes de la loi française et ceux de la loi romaine. Mais cette contradiction n'est qu'apparente, et le jurisconsulte Merlin a pris soin de faire concorder les deux textes. Il fait en effet remarquer, avec sa haute raison, que les Romains, en fixant le rivage de la mer au point où le

plus grand flot peut atteindre en hiver, n'avaient en vue
que la mer Méditerranée qui baignait leurs côtes ; et il est
certain que dans cette mer le plus grand flot d'hiver
avance sur les grèves beaucoup plus que le plus grand flot
de mars. Il est très-vraisemblable au contraire que, dans
la rédaction de l'ordonnance de 1681, le législateur considérait plus généralement, en parlant de la mer, l'Océan
qui baigne notre territoire sur une plus grande étendue.
Ainsi, conclut Merlin, nous devons observer les dispositions de l'ordonnance de 1681 par rapport à l'Océan, et, à
l'égard de la Méditerranée, suivre ce que prescrivent les
lois romaines. (*Annexe n° 33.*)

Ces définitions du rivage de la mer entraînent avec elles
l'inaliénabilité de ce rivage ; car il est bien évident que
ces plages, sans cesse battues par les flots, que la mer
couvre et découvre, qu'elle s'approprie, pour ainsi dire, par
un contact habituel et immédiat, sont enlevées par cela
seul à tout usage privé, à toute appropriation particulière.
Restés dans l'état primitif de communauté négative, ces rivages ne peuvent appartenir à personne, mais sont livrés à
la jouissance et à l'usage de tous.

Les anciens couvraient quelquefois la portion des rivages
qui n'était pas toujours inondée, de riches constructions
dont ils faisaient des bains ou des maisons de plaisance.
Mais les lois romaines ont soin de nous apprendre que ce
n'était point là un acte de possession civile supposant l'acquisition de la propriété du sol ; car si l'édifice venait à
s'écrouler, le premier occupant pouvait en construire un
autre à la même place. C'était donc pour se conformer à
une sorte de besoin public, c'était par une pure tolérance
que l'on supportait de semblables constructions. Mais si

elles constituaient une occupation de fait, elles n'emportaient
aucun droit.

C'est aussi en ce sens que statue l'ordonnance de la marine de 1681. (*Liv. IV, tit. VII, art. 2.*)

« Faisons défenses à toutes personnes de bâtir sur les
» rivages de la mer, d'y planter aucuns pieux, ni faire au-
» cuns ouvrages qui puissent porter préjudice à la naviga-
» tion, à peine de démolition des ouvrages, de confiscation
» des matériaux et d'amende arbitraire. »

« Sur ce fondement, dit Valin, à propos de cet article,
» que le rivage de la mer doit être libre et accessible pour
» tous, les défenses portées par notre article, quoiqu'elles
» ne regardent directement que les ouvrages capables de
» faire préjudice à la navigation, doivent influer également
» sur toutes autres entreprises faites sur le rivage de la
» mer ; soit parce qu'il n'est point de bâtiment qui y
» puisse être construit avec des pierres ou des pieux, qui
» ne donne atteinte au droit d'y pêcher, accordé à tous les
» sujets du roi, par l'article 1er du titre 1er du livre V ci-
» après ; soit encore parce que toute construction nouvelle
» de parcs ou écluses est expressément défendue par l'arti-
» cle 4 du titre concernant cette matière ; soit enfin, parce
» que tout établissement sur le rivage emporterait, par sa
» nature, un acte de propriété incompatible avec le droit
» du public, et qui plus est, avec le droit de souveraineté
» du roi sur la mer et sur les rivages qui en dépendent.

» Il n'y aurait donc qu'une concession expresse du roi
» qui pût garantir de la démolition et des peines portées
» par cet article, les ouvrages que quiconque entrepren-
» drait de construire sur le rivage de la mer ; et cela, quand
» ils ne seraient pas contraires à la navigation ; ce qui se-

» rait pourtant assez difficile à concevoir, puisque la navi-
» gation se fait avec de très-petits bâtiments capables d'a-
» border le rivage, aussi bien qu'avec d'autres qui tirent
» trop d'eau pour approcher si près des côtes sans un dan-
» ger manifeste d'y échouer. »

Ainsi notre ancienne législation prohibait formellement
toutes espèces de travaux sur les rivages de la mer, sans
une autorisation du gouvernement. Mais, d'un côté, ce
principe si sage ayant été fort souvent perdu de vue dans le
désordre de nos troubles civils, il en était résulté des empiétements regrettables sur notre littoral ; de l'autre, des
autorisations accordées à l'insu de l'autorité maritime,
avaient eu pour conséquence de véritables aliénations de diverses portions plus ou moins considérables de cette partie
du domaine public, en faveur desquelles on est venu ensuite
invoquer la théorie du fait accompli, bien que ces aliénations fussent éminemment préjudiciables aux intérêts généraux de la navigation et de la pêche. « Ces déplorables
» résultats, poursuivis dans un but d'intérêt individuel,
» constituent une véritable spoliation à l'égard des gens
» de mer, à qui le gouvernement doit conserver, dans
» toute leur intégrité, les immunités destinées à com-
» penser les charges attachées à leur profession exception-
» nelle. » (*Circulaire du ministre de la marine, du 3 avril*
1851. — Bulletin officiel, page 292).

Le mal était flagrant ; il fallait y apporter un prompt et
énergique remède. Mais il y avait à distinguer entre les travaux relatifs à la pêche maritime, et ceux qui, par leur
nature, sont complètement étrangers à cette industrie.
L'ordonnance de 1681 (art. 8, liv. 5, tit. III) défendait
bien, il est vrai, à toutes personnes, de quelque qualité et
condition qu'elles puissent être, de bâtir sur les grèves de

la mer, aucuns parcs dans la construction desquels il entre bois ou pierre, à peine de 300 livres d'amende et de démolition des parcs à leurs frais. Toutefois, ce texte trop restreint, et surtout trop absolu dans ses termes, ne facilitait que trop souvent par cela même l'éludation des prescriptions de la loi. Il y avait donc lieu de fixer les principes à cet égard d'une manière plus claire et plus précise, et c'est ce qu'a fait l'art. 2 de la loi du 9 janvier 1852.

« Aucun établissement de pêcherie, dit cet article, de
» quelque nature qu'il soit; aucun parc, soit à huitres, soit
» à moules; aucun dépôt de coquillages, ne peuvent être
» formés sur le rivage de la mer, le long des côtes, ni dans
» les parties des fleuves, rivières, étangs et canaux où les
» eaux sont salées, sans autorisation spéciale délivrée par
» le ministre de la marine.

» Un règlement d'administration publique déterminera
» les formes suivant lesquelles cette autorisation sera accor-
» dée et pourra être révoquée. »

Et pour la sanction pénale de ces dispositions, l'art. 5 dispose comme suit :

« Quiconque aura formé, sans autorisation, un établisse-
» ment de pêcherie, de parc à huitres, ou à moules, ou de
» dépôt de coquillages, de quelque nature qu'il soit, sera
» puni d'une amende de 50 à 250 francs, et pourra, en
» outre, être puni d'un emprisonnement de six jours à un
» mois.

» La destruction des établissements formés sans autori-
» sation aura lieu aux frais des contrevenants. »

De ces divers textes, il résulte :

1° Le droit exclusif pour le département de la marine

d'autoriser, à titre temporaire et gratuit, l'établissement de parcs et pêcheries sur la mer et ses rivages ;

2° L'abrogation complète des pénalités prononcées par l'ordonnance de 1681, relativement à l'établissement non autorisé de ces parcs et pêcheries. (300 *livres d'amende, pour les parcs,* art. 8, liv. 5, tit. III ; 1,000 *livres d'amende, pour les pêcheries, madragues et bordigues,* art. 1er et 4, liv. 5, tit. IV).

3° La nécessité d'une instruction préliminaire pour ces sortes d'établissements, instruction dont les formes doivent être déterminées par un règlement d'administration publique ;

4° Enfin, l'obligation de détruire les établissements formés sans autorisation.

Mais il en est tout autrement quant aux établissements sur le rivage, destinés à toute autre exploitation qu'à celle de la pêche maritime. Alors, en effet, l'intérêt maritime n'étant plus aussi directement engagé, le département de la marine n'intervient que pour donner son assentiment à l'autorisation accordée par l'autorité compétente (les préfets de départements). Tel est le vœu formel de l'art. 3 du décret législatif du 21 février 1852 :

« L'avis du ministre de la marine sera réclamé en ce qui
» concerne la concession des lais et relais de mer, et son
» assentiment devra être obtenu pour les autorisations rela-
» tives à la formation d'établissements, de quelque nature
» que ce soit, sur la mer et ses rivages. »

Ainsi, pour être valable, l'autorisation accordée doit être appuyée de l'assentiment du ministre de la marine ; et remarquons ici, en passant, qu'aucune autre autorité maritime que le ministre lui-même n'a qualité pour valider par son assentiment la décision préfectorale (*voir la dépêche minis-nistérielle du 8 mars 1853, annexe,* n° 29).

Après avoir déterminé les droits de l'autorité maritime quant à la police matérielle des rivages de la mer, il fallait aussi prévoir les cas de contestations relativement aux limites de ces mêmes rivages.

Déjà le conseil d'État avait reconnu en principe, le 18 mars 1842 (1), que la détermination des limites de la mer appartient exclusivement à l'autorité administrative. Restait à savoir à quel département ministériel incombait cette attribution, c'est-à-dire, à bien préciser le sens du principe posé. C'est ce à quoi pourvoit d'une manière claire et positive l'art. 2 du même décret du 21 février 1852.

« Les limites de la mer, porte cet article, seront déter-
» minées par des décrets du président de la République,
» rendus sous forme de règlements d'administration pu-
» blique, tous les droits des tiers réservés, sur le rapport
» du ministre des travaux publics, lorsque cette délimita-
» tion aura lieu à l'embouchure des fleuves ou rivières, et
» et sur le rapport du ministre de la marine, lorsque
» cette délimitation aura lieu sur un autre point du litté-
» ral. » . . . .

. . . .

Il est en effet beaucoup plus conforme à la nature des choses que le ministre de la marine soit appelé à détermi-ner, selon la règle posée dans l'art. 1er, tit. VII, liv. 4, de l'ordonnance d'août 1681, les limites du *domaine public maritime,* sur tous les points du littoral, excepté toutefois dans les ports de commerce et à l'embouchure des fleuves

(1) Syrey, 1842, 2e partie, page 282.

et rivières, dont la police particulière, sous le rapport matériel, est attribuée par nos lois au département des travaux
publics. Il est vrai que le texte ci-dessus transcrit ne fait
aucune mention des ports de commerce; mais les termes du
rapport du ministre de la marine ne laissent aucun doute à
cet égard.

« Je m'empresse de faire remarquer, dit ce ministre,
» que cette disposition ne porte aucune atteinte aux attri-
» butions du département des travaux publics, qui a mis-
» sion de veiller à la conservation du rivage, des ports de
» commerce et travaux à la mer, ainsi que d'assurer l'exé-
» cution des règlements relatifs à la grande voirie.

» C'est pour ce motif que je m'abstiens de réclamer la
» détermination des limites du domaine public maritime
» dans les ports de commerce. »

Aux termes d'une dépêche du 1er mai 1855, les délimitations du rivage de la mer dans l'intérieur des ports de
commerce doivent être consacrées par des arrêtés des Préfets de département, mais après concert préalable avec le
département de la marine, qui doit toujours être représenté
dans les commissions chargées de procéder aux opérations
délimitatives. *(Annexe n° 32).*

Il demeure donc bien établi que la délimitation du rivage
de la mer sur tous les points du littoral, autres que les ports
de commerce et l'embouchure des fleuves et rivières, entre
dans les attributions exclusives du département de la marine; ce qui implique pour le ministre le soin de procéder,
dans l'occasion, aux déclarations administratives d'inaliénabilité et d'imprescribtibilité basées sur les articles 538 et
714 du code civil.

On s'est demandé si les propriétés limitrophes du rivage

de la mer étaient assujetties à une servitude analogue à celle qui existe pour les bords des rivières navigables ou flottables, c'est-à-dire, si la disposition de l'ordonnance de 1415 relative à la distance de 24 pieds qui doit exister le long de ces rivières pour le halage des vaisseaux, était applicable aux bords de la mer. Cette question avait été depuis longtemps examinée par Valin, et résolue par ce savant jurisconsulte dans le sens de la négative. Depuis lors nous ne connaissons aucune disposition législative ou autre qui soit venue attribuer au domaine public, comme accessoire du rivage de la mer, une portion quelconque de terrain autre que ce qui est couvert par le flot de mer. Bien plus l'art. 650 du code civil (1) concernant les servitudes d'utilité publique ou communale ne fait aucune mention d'une distance quelconque à conserver entre le rivage de la mer et les propriétés limitrophes. Il est aujourd'hui bien certain, et cela résulte du silence même de la législation, que ces terrains appartiennent bien réellement aux propriétaires qui confrontent au rivage. *(Voir l'annexe n° 16).*

Mais que dire des portions de rivage qui se trouvent aujourd'hui possédées par des communes, établissements ou particuliers, en vertu d'actes de vente, de concessions des seigneurs, ou de bornages judiciaires? Ces propriétés, acquises pour la plupart de bonne foi, sont-elles susceptibles d'être attaquées dans leur essence même? Sont-elles à l'abri

---

(1) *Code civil.* « Art. 650. — Les servitudes établies pour l'utilité
» publique ou communale ont pour objet le marchepied le long des
» rivières navigables ou flottables, la construction ou réparation des
» chemins et autres ouvrages publics ou communaux. — Tout ce qui
» concerne cette espèce de servitude est déterminé par des lois ou des
» règlements particuliers. »

derrière le fait d'une longue possession non contestée? Peuvent-elles enfin invoquer en leur faveur la prescription légale? Nous n'entrerons point ici dans une discussion approfondie de ces diverses questions, qui mériteraient d'ailleurs de trop longs développements. Ce serait aussi dépasser le but que nous nous sommes proposé dans cet opuscule. Seulement nous allons tâcher de donner un résumé des principes généraux sur la matière, dans le but d'éclairer l'opinion des fonctionnaires du département de la marine qui seraient appelés à traiter ces sortes de questions.

Et d'abord, la base de toute propriété acquise repose sur le droit primitif du propriétaire antérieur ; car vous aurez beau me dire, me prouver même par un acte authentique, que vous avez acquis de bonne foi cette propriété ; je vous répondrai toujours que cela est très-possible, mais que votre bonne foi ne couvre en rien le vice du contrat ; que, pour disposer valablement d'une chose, il faut avoir la libre et pleine propriété de cette chose. Or, cette portion du rivage de la mer, dont vous revendiquez la propriété, n'appartenait à personne en particulier : personne ne pouvait donc l'aliéner au profit de qui que ce soit. Votre contrat est donc radicalement nul, sauf à vous à réclamer des dommages-intérêts de votre vendeur. (*Code civil, art.* 1599) (1). Voilà le principe. Toutefois, prenant en considération les dépenses considérables qu'avaient dû occasionner à des acquéreurs de bonne foi, l'endiguement et la culture des portions de rivage qu'ils avaient

---

(1) Art. 1599. — La vente de la chose d'autrui est nulle : elle peut donner lieu à des dommages-intérêts lorsque l'acheteur a ignoré que la chose fût à autrui.

lieu de regarder comme leur propriété, la Convention nationale, par une loi du 21 prairial an II (9 juin 1794) maintint provisoirement dans leur possession tous les détenteurs des portions de rivage de la mer qu'ils auraient closes et cultivées avant le mois de juillet 1789, en annulant d'ailleurs tout partage qui en aurait été fait par les communes riveraines. Ainsi, sans parler ici des principes de tout temps consacrés dans notre droit public, et notamment par l'ordonnance de 1635, au sujet de l'inaliénabilité du domaine fixe de la couronne, dont faisaient partie la mer territoriale et ses rivages, nous voyons qu'un acte souverain, tout en dérogeant à ces principes par un scrupule d'équité, les a de nouveau confirmés en n'accordant qu'une possession provisoire dont la révocation lui est en conséquence réservée. Il demeure donc aujourd'hui bien avéré que toutes les portions du rivage de la mer qui n'ont pas été closes et mises en culture avant l'année 1789, ne peuvent constituer une propriété particulière, et que même celles qui ont subi cette condition en temps opportun, ne sont encore que provisoirement maintenues entre les mains de leurs détenteurs.

D'un autre côté, l'article 2226 du code civil porte textuellement : « On ne peut prescrire le domaine des choses » qui ne sont point dans le commerce. » Or, n'est-il pas évident, comme nous l'avons déjà vu, que les rivages de la mer n'ont jamais pu être dans le commerce, puisque, par la raison précisément qu'une chose est publique, avec faculté à chacun d'en user selon sa destination, il n'est pas permis à l'un d'en jouir au préjudice d'un autre en s'y attribuant un droit exclusif et permanent, ce qui arriverait indubitablement si l'on admettait que la prescription peut et doit déférer à qui que ce soit la propriété de portions quelconques de cette partie du domaine public? L'ancienne législation comme la nouvelle, n'ont jamais varié à ce sujet; et malgré les prétentions contraires de quelques seigneurs riverains, les rivages de la mer, domaine régalien sous l'ancienne monarchie, domaine public sous nos institutions modernes, n'ont cessé d'être tenus pour complètement inaliénables et imprescriptibles d'après leur nature toute particulière.

Il est donc bien certain, qu'en droit strict, toute acquisition d'une portion du rivage de la mer, de quelque nature qu'elle soit, à moins cependant que cette acquisition ne provienne de l'Etat lui-même, seul propriétaire légal de ces terrains, (du moins dans certaines circonstances, et après l'accomplissement de certaines conditions), peut-être déclarée nulle, et serait susceptible, le cas échéant, de faire retour au domaine public maritime. Ainsi le titre le plus valable dans lequel puissent avoir confiance ces soi-disant propriétaires, c'est l'esprit de modération de l'administration.

SECTION DEUXIÈME.

Des Lais et des Relais de la mer.

On entend par *lais de la mer*, les alluvions et attérissements que forment la mer aux terres riveraines ; et par *relais*, les terres qu'elle abandonne insensiblement en se retirant d'une rive et se portant sur une autre. Ainsi lais et relais supposent également acroissement des terres et décroissement des eaux, enfin abandon de terrain que couvrait la mer, et qu'elle ne touche plus. Nous avons vu que l'article 538 du code civil rangeait les lais et relais de la mer au nombre des portions du territoire français qui font partie du domaine public, et ne sont point par conséquent susceptibles de propriété privée. Mais la loi du 16 septembre 1807, postérieure au code civil, a profondément modifié cet état de choses. Voici ce que porte l'article 41 de cette loi *(annexe n° 9.)* :

« Le gouvernement concèdera, aux conditions qu'il » aura réglées, les marais, lais, relais de la mer, le » droit d'endiguage, les accrues, attérissements et allu- » vions des fleuves, rivières et torrents, quant à ceux de » ces objets qui forment propriété publique ou doma- » niale. »

Ainsi, depuis le 16 septembre 1807, mais seulement depuis cette époque, les lais et relais de la mer ont pu être valablement, ou pour mieux dire, légalement con- cédés. Ces concessions avaient lieu dans la forme prescrite par l'ordonnance royale du 23 septembre 1825 *(voir an- nexe n° 13)*, c'est-à-dire, par l'intermédiaire seul des autorités administratives ressortissant des ministères, de l'intérieur, des finances, et des travaux publics. Le dé- partement de la marine restait complètement en dehors de ces sortes d'affaires, ce qui ne laissait pas que d'être souvent très-préjudiciable à certains intérêts maritimes. Un grand nombre d'abus avaient été déjà sanctionnés à l'abri de cette législation, lorsque parut enfin le décret du 21 février 1852. Par son article 3, cet acte dispose que « l'avis du ministre de la marine sera réclamé, en ce qui » concerne la concession des lais et relais de mer....... » Ainsi l'intérêt maritime, qui jusqu'alors avait été livré à des administrations complètement ignorantes de ses besoins, retrouve sa protection naturelle. Rien n'est d'ailleurs changé aux formes de l'instruction sur les demandes de concessions : seulement l'avis du ministre de la marine devra toujours être joint au dossier. De là, double garantie : garantie pour le domaine public, garantie pour les particuliers.

CHAPITRE TROIS,

DES FLEUVES ET RIVIÈRES QUI DÉBOUCHENT A LA MER,

————•◦◆◦•————

L'article 538 du code civil considère les fleuves et rivières navigables et flottables, comme des dépendances du domaine public. Mais le domaine public maritime proprement dit, ne comprend que la partie de ces fleuves ou rivières qui se trouve comprise dans les limites de la mer ; et, à ce sujet, nous croyons devoir reproduire ici le texte de l'article 2 de la loi du 21 février 1852 :

« Les limites de la mer seront déterminées par des dé-
» crets du Président de la République, rendus sous forme
» de règlements d'administration publique, tous les droits
» des tiers réservés, sur le rapport du ministre des travaux
» blics, lorsque cette délimitation aura lieu à l'embouchure
» des fleuves ou rivières, et sur le rapport du ministre de la
» marine, lorsque cette délimitation aura lieu sur un autre
» point du littoral. » . . . .
» . . . .

Mais l'action du domaine maritime dans les fleuves et rivières débouchant à la mer ne s'étend que sur les eaux jusqu'où remonte la marée, c'est-à-dire que leurs rives échappent à ce caractère de domanialité publique du rivage de la mer, dont l'article 1er, titre VII, livre IV, de l'ordonnance d'août 1681, a déterminé la limite. C'est aussi ce qui a été jugé par un arrêt de la cour de cassation, du 23 juin 1830 (1), qui décide que « le bord d'une rivière, même » couvert par les flots de la mer, reste bord de rivière et » n'est pas rivage de la mer. »

Ainsi la rive d'un fleuve ou d'une rivière reste dans le droit commun. Or, aux termes des articles 556 et 557 du code civil (2), qui ont défini l'*alluvion*, la propriété de cette rive appartient au propriétaire riverain. Celui-ci est donc libre d'y former toute espèce d'établissement sans autorisation aucune, mais à la charge de la seule servitude des chemins de halage et marchepied déterminés par l'ordonnance de 1415, l'édit d'août 1669 sur les eaux et forêts

---

(1) Sirey 1830, 1re partie, page 277.

(2) *Code civil* : « ART. 556. — Les attérissements et accroissements » qui se forment successivement et imperceptiblement aux fonds riverains » d'un fleuve ou d'une rivière, s'appellent alluvions — l'alluvion » profite au propriétaire riverain, soit qu'il s'agisse d'un fleuve ou d'une » rivière navigable, flottable ou non ; à la charge, dans le premiers cas, » de laisser le marchepied ou chemin de halage, conformément aux » règlements.

» ART. 557. — Il en est de même des relais que forme l'eau courante qui se retire insensiblement de l'une de ses rives en se portant » sur l'autre : le propriétaire de la rive découverte profite de l'alluvion, » sans que le riverain du côté opposé y puisse venir réclamer le terrain qu'il a perdu. — Ce droit n'a pas lieu à l'égard des relais de la » mer. »

(titre XVIII, art. 7) (1), l'édit de décembre 1772 et l'arrêt du Conseil du 24 juin 1777.

Mais où finit le rivage de la mer, où commence la rive du fleuve? C'est là une délimitation qui ne peut être fixée que par l'autorité administrative. Aux termes d'une décision du Conseil d'État, du 24 janvier 1850, c'était au ministre des finances qu'il appartenait d'opérer cette délimitation après avoir toutefois consulté ceux de ses collègues dont l'administration pouvait être intéressée dans la solution. Un décret du chef de l'état sanctionnait la décision du ministre. Plus tard, par suite d'une délibération du conseil d'administration de la direction générale de l'enregistrement et des domaines, en date du 18 juin 1850, le département des finances remit à celui des travaux publics la direction des opérations de délimitation du rivage à l'embouchure des fleuves et rivières, attribution qui, comme nous l'avons vu au commencement de ce chapitre, a été confirmée par le décret législatif du 21 février 1852. Il demeure d'ailleurs bien entendu que cette délimitation des limites du rivage de la mer doit être faite d'après les règles posées par l'article 1er, titre VII de l'ordonnance de 1681, pour les fleuves et rivières débouchant sur l'Océan, et d'après celles indiquées par les lois romaines, pour les fleuves et rivières débouchant dans la Méditerranée. L'on doit conclure de là

---

(1) *Édit d'août* 1669, *titre X VIII* : « ART. 7. — Les propriétaires
» des héritages aboutissant aux rivières navigables, laisseront le long des
» bords vingt-quatre pieds au moins de place en largeur pour chemin
» royal et trait de chevaux, sans qu'ils puissent planter arbre ni tenir
» clôture ou haie plus près que trente pieds, du côté que les bâteaux
» se tirent, et dix pieds de l'autre bord; à peine de cinq cents livres
» d'amende, confiscation des arbres, et d'être, les contrevenants, con-
» traints à réparer et remettre les chemins en état à leurs frais. »

que toute la partie de terrain comprise dans le rivage de la mer ainsi déterminée, tombe sous la législation spéciale qui régit la mer et ses rivages. L'on ne peut donc y former aucun établissement que ce soit, avant que l'autorisation du ministre de la marine n'ait été préalablement obtenue, l'on ne peut encore, sans encourir les peines de droit, y construire aucune pêcherie en pierre ou en bois, réservoirs, bouchots, parcs, etc., sans la permission spéciale de l'autorité maritime. Enfin ce terrain cesse d'être *rive*; il devient *rivage*, c'est-à-dire qu'il entre dans le domaine public maritime, et subit dès-lors toutes les conséquences de cette transformation, mais sous toute réserve, comme le porte la loi du 21 février 1852, des droits des tiers intéressés.

En résumé, il ne faut pas perdre de vue que l'opération dévolue au ministre des travaux publics a uniquement pour objet de déterminer sur les fleuves et rivières, seulement le point de séparation de la rive et du rivage; et que par conséquent, à partir et en aval de ce point commence l'action délimitative du ministre de la marine. *(Voir une lettre du ministre de la marine, en date du 24 janvier 1854, Annexe n° 31.)*

CHAPITRE QUATRE.

DE LA PÊCHE MARITIME ET DE LA PÊCHE FLUVIALE.

————◆————

« Déclarons la pêche de la mer libre et commune à tous
» nos sujets, auxquels nous permettons de la faire, tant
» en pleine mer que sur les grèves, avec les filets et engins
» permis par la présente ordonnance. »

*(Ordonnance de la marine de 1681, livre V, titre Ier,
article 1er).*

Voilà le principe : liberté entière de la pêche sur la mer
et ses rivages, c'est-à-dire sur toute l'étendue du *domaine
public maritime*, d'où la dénomination de *pêche maritime*,
attribuée à cette sorte de pêche par opposition à celle qui se
pratique dans les fleuves et rivières, que l'on nomme pour
cette raison *pêche fluviale.*

« Le droit de pêche sera exercé au profit de l'État :

» 1° Dans tous les fleuves, rivières, canaux et contre-fos-
» sés navigables ou flottables avec bateaux, trains ou ra-
» deaux, et dont l'entretien est à la charge de l'État ou de
» ses ayant-cause ;

» 2° Dans les bras, noues, boires et fossés qui tirent
» leurs eaux des fleuves et rivières navigables ou flottables,
» dans lesquels on peut en tout temps passer ou pénétrer
» librement en bateau de pêcheur, et dont l'entretien est
» également à la charge de l'État. . . . .
» . . . .

» Des ordonnances royales fixeront les limites entre la
» pêche fluviale et la pêche maritime dans les fleuves et ri-
» vières affluant à la mer. Ces limites seront les mêmes que
» celles de l'inscription maritime; mais la pêche qui se
» fera au dessus du point où les eaux cesseront d'être sa-
» lées, sera soumise aux règles de police et de conserva-
» tion établies pour la pêche fluviale. » *(Loi du 15 avril*
1829, *art.* 1er).

Pour bien comprendre le sens de cette dernière disposition, il faut savoir que l'empire de l'inscription maritime
s'étend, dans plusieurs fleuves ou rivières, quelquefois bien
au delà du point où les eaux cessent d'être salées. Voici, en
effet, ce que porte le numéro 2 de l'article 2 de la loi du
3 brumaire an IV, relative à l'inscription maritime :

« Sont compris dans l'inscription maritime :
» . . . . . . , ...

» 2° Ceux qui font la navigation ou la pêche de mer sur
» les côtes, ou dans les rivières jusqu'où remonte la marée ;
» et pour celles où il n'y a pas de marée, jusqu'à l'endroit
» où les bâtiments de mer peuvent remonter. »

Plus tard une ordonnance royale du 10 juillet 1835, rendue en exécution des articles 1er et 3 de la loi du 15 avril
1829 sur la pêche fluviale, a déterminé, dans les fleuves et
rivières du territoire continental de la France, les divers

points de séparation de la pêche libre et de la pêche affermée.

Mais l'action des règlements relatifs à la police des pêches maritime et fluviale n'avait encore été déterminée par
aucun acte, quant aux points à partir desquels elle devait
s'exercer. C'était une fâcheuse lacune, qui vient d'être
comblée par les récents décrets impériaux du 4 juillet 1853,
portant règlement sur la pêche côtière, et rendus par suite
des dispositions de l'article 3 de la loi du 9 janvier 1852.
Voici, en effet, en quels termes s'expriment ces décrets :

« La pêche est maritime, c'est-à-dire libre, sans fer-
» mage ni licence, tant sur les côtes du ....ᵉ arrondisse-
» ment que dans les fleuves, rivières et canaux désignés au
» tableau suivant, jusqu'aux limites de l'inscription mari-
» time.

» Toutefois, les dispositions du présent décret ne sont
» applicables dans ces fleuves, rivières et canaux, que jus-
» qu'au point de cessation de la salure des eaux.

» Entre ce point et les limites de l'inscription maritime,
» la pêche, quoique libre et exempte de licence, est sou-
» mise aux mesures d'ordre et de police édictées par la loi
» du 15 avril 1829. » (1).

Ainsi, partout où s'étend le domaine public maritime,
c'est-à-dire partout où l'action de la mer se fait sentir, la
pêche est soumise aux règlements maritimes ; cette règle-
mentation spéciale cesse avec l'action de la marée. Mais
comme, dans l'esprit de l'article 2 de la loi du 3 brumaire

---

(1) Voir ces décrets : Bulletin officiel de la marine, 2ᵉ semestre 1833,
pages 33 et suivantes.

an IV, l'empire de l'inscription maritime s'étend, ainsi que nous l'avons vu, fort souvent au delà de cette limite, il importait de bien préciser le régime sous lequel serait placée la pêche qui se fait au-dessus du point de la salure des eaux : c'est sur quoi ont statué les décrets ci-dessus relatés. Il est donc aujourd'hui bien reconnu que la pêche qui se pratique entre le point où les eaux cessent d'être salées et la limite de l'inscription maritime, quoique libre et exempte de licence, est placée sous l'empire de la loi du 15 avril 1829, et par conséquent soumise à l'inspection et à la surveillance des agents de l'administration des eaux et forêts, sans préjudice, bien entendu, de l'action que peuvent exercer concurremment les agents du département de la marine. Cette dernière attribution résulte en effet de la nature même des choses, puisque, par exception au principe général, il y a ici extension du domaine public, maritime, mais quant à la pêche seulement.

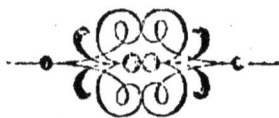

CHAPITRE CINQ.

DES PARCS ET PÊCHERIES MARITIMES.

—•◄◄►•—

Avant d'aller plus loin, nous devons consigner ici une observation essentielle : c'est que nous ne considérons dans ce travail, les parcs et pêcheries que dans leurs rapports avec le domaine public maritime, abstraction faite de tout ce qui tient à leur police intérieure ou extérieure.

« Sous le nom de *Parcs et Pêcheries maritimes,* on en-
» tend tout espace circonscrit sur les grèves, dont quel-
» qu'un s'est mis en possession, à dessein de s'y attribuer
» un droit de pêche exclusif, soit pour le temps actuel de la
» pêche, soit en vue d'un établissement perpétuel.

» Dans le premier cas, la liberté de la pêche n'est gênée
» que pour le moment, sauf à tout autre à s'emparer du
» même espace à l'occasion ; ce qui, par conséquent, loin
» de nuire à la liberté de la pêche, concourt à l'entretenir.
» Mais dans les parcs à demeure, c'est autre chose : qui-
» conque s'en fait possesseur, affecte un droit de pêche à

» perpétuité sur ce terrain, à l'exclusion de tous autres.
» Rien n'est donc plus contraire à la liberté de la pêche ;
» et de là il s'ensuit que ces pêcheries ne peuvent être to-
» lérées qu'autant que les possesseurs sont fondés en titres
» valables ou en possession suffisante pour s'y faire main-
» tenir.

» Les titres, pour être valables, doivent porter l'em-
» preinte de l'autorité royale, puisque le rivage et les
» grèves de la mer appartenant au roi, à raison de sa sou-
» veraineté, nul n'a pu s'en emparer d'autorité que par
» usurpation. Il faut donc que celui qui s'attribue une cer-
» taine étendue du rivage ou des grèves, prouve qu'il a
» droit d'en jouir, en représentant un titre de concession
» du roi en bonne forme, ou du moins, aux termes de l'ar-
» ticle 9 ci-après, des aveux et dénombrements reçus en la
» chambre des Comptes avant l'année 1544, c'est-à-dire
» antérieures aux guerres civiles, durant lesquelles tant de
» de titres originaux ont péri, qu'il a paru juste d'admettre
» pour titres supplétifs, des aveux et dénombrements reçus
» en bonne forme avant ce même temps. Cela ne peut néan-
» moins avoir aucune influence sur les droits régaliens,
» pour la conservation desquels les seigneurs ne peuvent
» s'aider de pareils titres, comme incapables de suppléer
» au défaut de représentation des titres de concession, sui-
» vant qu'on l'a montré sur l'article 26 du titre des nau-
» frages.

» A l'égard du droit acquis par la longue possession,
» quoique le domaine de la couronne soit imprescriptible,
» le roi a bien voulu, par l'article ci-après, conformément
» aux articles 84 et 85 de l'ordonnance du mois de mars

» 1584 (1), confirmer les possessions des parcs et pêche-
» ries dans leur jouissance, moyennant toutefois qu'elle eût
» commencé avant la même année 1544. Mais autant cette
» disposition toute gratuite en faveur de tels possesseurs
» doit-elle être respectée, autant convient-il de la resserrer
» dans ses justes bornes, pour ne pas faire prévaloir le droit
» équivoque des particuliers sur l'intérêt public, qui ré-
» clame continuellement la liberté de la pêche. »

Ainsi s'exprime le savant commentateur Valin, en tête
du titre III du livre V de l'ordonnance de 1681, intitulé :
des Parcs et Pêcheries; c'est encore dans ces réflexions de
l'illustre jurisconsulte qu'il faut rechercher le fond du droit
en pareille matière.

« Les parcs les plus usités sur les grèves de la mer,
» ajoute-t-il plus loin, sont de deux sortes : les uns sont
» construits avec des pierres seulement, ils doivent avoir
» la forme prescrite par l'article ci-après; on les appelle,
» en Aunis, *Écluses :* ils servent à la pêche du poisson, et
» en même temps à y élever des huîtres. . . . .
» . . . .

» Les autres parcs, qui diffèrent des premiers en ce que,
» ne pouvant être pratiqués que sur un terrain vaseux, on
» ne les construit qu'avec des pieux entrelacés de clayon-

---

(1) *Ordonnance de mars 1584 :* « ART. 85. — Et pour le regard des
» écluses basties précédant quarante ans, elles seront rétablies en leur
» premier état, sans qu'il leur soit permis d'user d'aucunes fosses à
» l'endroit d'icelles, ni les bastir de claies, bois, chaux ou pieux, pour
» user de rétention d'eau, ains seulement d'un ret ou applet dont la
» maille sera aussi grande pour le moins que celle ordonnée pour la
» pesche du hareng, et défendu, sous peine de dix écus d'amende, de
» prendre ni retenir dans lesdits parcs, aucun frai de poisson. »

» nage, s'appellent *Bouchots :* ils servent, comme les éclu-
» ses, à la pêche du poisson, et leur usage particulier est
» consacré à élever des moules, comme celui des écluses
» est d'y élever des huîtres. . . . .
» . . . . »

Voici maintenant le texte même de l'ordonnance de 1681,
relatif aux parcs et pêcheries :

« ART. 4. Les parcs dans la construction desquels il en-
» trera bois ou pierre, seront démolis, à la réserve de ceux
» bâtis avant l'année 1544, dans la jouissance desquels les
» possesseurs seront maintenus, conformément aux arti-
» cles 84, 85 de l'ordonnance du mois de mars 1584,
» pourvu qu'ils soient construits en la manière ci-après.

» ART. 5. Les parcs de pierre seront construits de pier-
» res rangées en forme de demi-cercle et élevés à la hau-
» teur de quatre pieds au plus, sans chaux, ciment ni ma-
» çonnerie, et ils auront dans le fond, du côté de la mer,
» une ouverture de deux pieds de largeur, qui ne sera fer-
» mée que d'une grille en bois ayant des trous en forme de
» mailles d'un pouce au moins en carré, depuis la Saint-
» Rémi jusqu'à Pâques, et de deux pouces en carré depuis
» Pâques jusqu'à la Saint-Rémi.

» . . . .
» . . . .

» ART. 8. Faisons défenses à toutes personnes de bâtir
» ci-après sur les grèves de la mer aucuns parcs dans la
» construction desquels il entre bois ou pierre, à peine de
» trois cents livres d'amende et de démolition des parcs à
» à leurs frais. »

Ainsi l'ordonnance de 1681 ne reconnaît, en ce qui concerne les parcs et pêcheries, de validité qu'aux titres anté-

rieurs à 1544. Mais cette condition même a été encore modifiée par divers actes subséquents rendus sur la matière. On voit, en effet, dans la législation postérieure, que si les arrêts du conseil des 27 décembre 1730, 21 avril, 26 octobre et 5 décembre 1739, 27 mai 1740, 7 octobre 1747, 1er janvier et 1er mai 1752, ont institué des commissaires chargés de la vérification des titres des détenteurs de pêcheries, celui du 24 janvier 1756 a décidé que les procès-verbaux dressés par ces commissaires seraient soumis à l'approbation du roi, nécessaire au maintien de ces établissements ; bien plus, un édit royal de juin 1787 et un arrêt du conseil du 30 décembre de la même année ont prescrit une vérification semblable. Il ne suffirait donc pas aujourd'hui d'invoquer des titres antérieurs à 1544, il faudrait prouver en outre que ces titres ont été visés et confirmés en 1756 et 1787.

Mais le sens de ces diverses dispositions réclamait depuis longtemps une détermination plus claire et plus précise à la fois. Ainsi, par exemple, l'on se demandait si la rédaction absolue des termes de l'ordonnance admettait la possibilité d'une autorisation, et, dans le cas de l'affirmative, quelles pouvaient être les formes dans lesquelles serait accordée ou révoquée ladite autorisation ; quelle autorité avait la compétence pour ces sortes d'affaires ; quelle était enfin la portée qu'il convenait de donner à ces termes : *rivage de la mer.* La jurisprudence hésitait même sur la véritable nature de ces sortes de contraventions. Étaient-ce des contraventions de police, ou bien des contraventions de grande voirie ? et de cette hésitation résultait fort souvent un relâchement de surveillance, une impunité même fort préjudiciable aux intérêts maritimes. Il y avait donc urgence de faire cesser un pareil état de choses, et c'est ce à quoi il a été pourvu par la loi du 9 janvier 1852. L'article 2 de cette loi porte, en effet, ce qui suit :

« Aucun établissement de pêcheries, de quelque nature
» qu'il soit, aucun parc, soit à huîtres, soit à moules, aucun
» dépôt de coquillages, ne peuvent être formés sur le ri-
» vage de la mer, le long des côtes, ni dans la partie des
» fleuves, rivières, étangs et canaux où les eaux sont sa-
» lées, sans une autorisation spéciale délivrée par le minis-
» tre de la marine.

» Un règlement d'administration publique déterminera
» les formes suivant lesquelles cette autorisation sera ac-
» cordée et pourra être révoquée. » Et plus loin, l'art. 18
dispose que, « toutes poursuites en raison des infractions
» à la présente loi et aux décrets et arrêtés rendus en exé-
» cution des articles 3 et 4, seront portés devant les tribu-
» naux correctionnels. »

Ainsi, il demeure aujourd'hui hors de toute contestation :
1° qu'une autorisation peut-être accordée pour établir des pêcheries sur le rivage de la mer et le long des côtes; 2° que
le ministre de la marine seul a qualité pour accorder cette
autorisation, non seulement pour le rivage de la mer, mais
encore pour la partie des fleuves, rivières, étangs et canaux
où les eaux sont salées ; 3° que les formes dans lesquelles
sont accordées ou révoquées les autorisations, sont déterminées par un règlement d'administration publique ;
4° enfin que le fait d'établir des pêcheries contrairement
aux dispositions de l'article 2 de la loi du 9 janvier 1852,
est un délit justiciable des tribunaux de police correctionnelle, sans préjudice de l'attribution réservée à l'administration des ponts-et-chaussées et au conseil de préfecture, de
poursuivre et réprimer, par voie administrative, toutes les

contraventions de grande voirie commises sur le domaine public maritime.

Quant aux pêcheries établies sur des propriétés particulières, le long du rivage de la mer, et connues sous le nom de *Réservoirs à poissons,* elles sont de même soumises à à l'autorisation du ministre de la marine, puisqu'elles ne peuvent exister que *le long des côtes,* et qu'elles empruntent les eaux de la mer. Toutefois, par respect pour une tradition déjà ancienne, et malgré que ces pêcheries spéciales constituent, en faveur de leurs propriétaires, une sorte de privilége au détriment des pêcheurs en bâteaux, en même temps qu'elles sont en opposition manifeste avec le principe de la liberté de la pêche, le gouvernement a jugé convenable de maintenir provisoirement ces sortes de pêcheries actuellement existantes, mais sous certaines conditions destinées à en atténuer les principaux inconvénients.

De cette expression *provisoirement,* il résulte évidemment pour le ministre de la marine le droit de supprimer ceux de ces établissements qui seraient jugés nuisibles à la pêche ou à la navigation ; mais alors, en raison du caractère particulier de ces pêcheries, la décision du ministre se réduirait à supprimer toutes les écluses, de manière à empêcher toute prise d'eau sur la mer.

Il est d'ailleurs bien entendu que lorsque l'autorité permet l'établissement d'une pêcherie, elle ne donne qu'une autorisation précaire, expressément révocable, soumise à des conditions positives. Dès-lors, celui qui la construit dans les termes mêmes de son titre, ne jouit jamais que par simple tolérance, et ne peut, sous aucun prétexte, invoquer ni possession ni prescription.

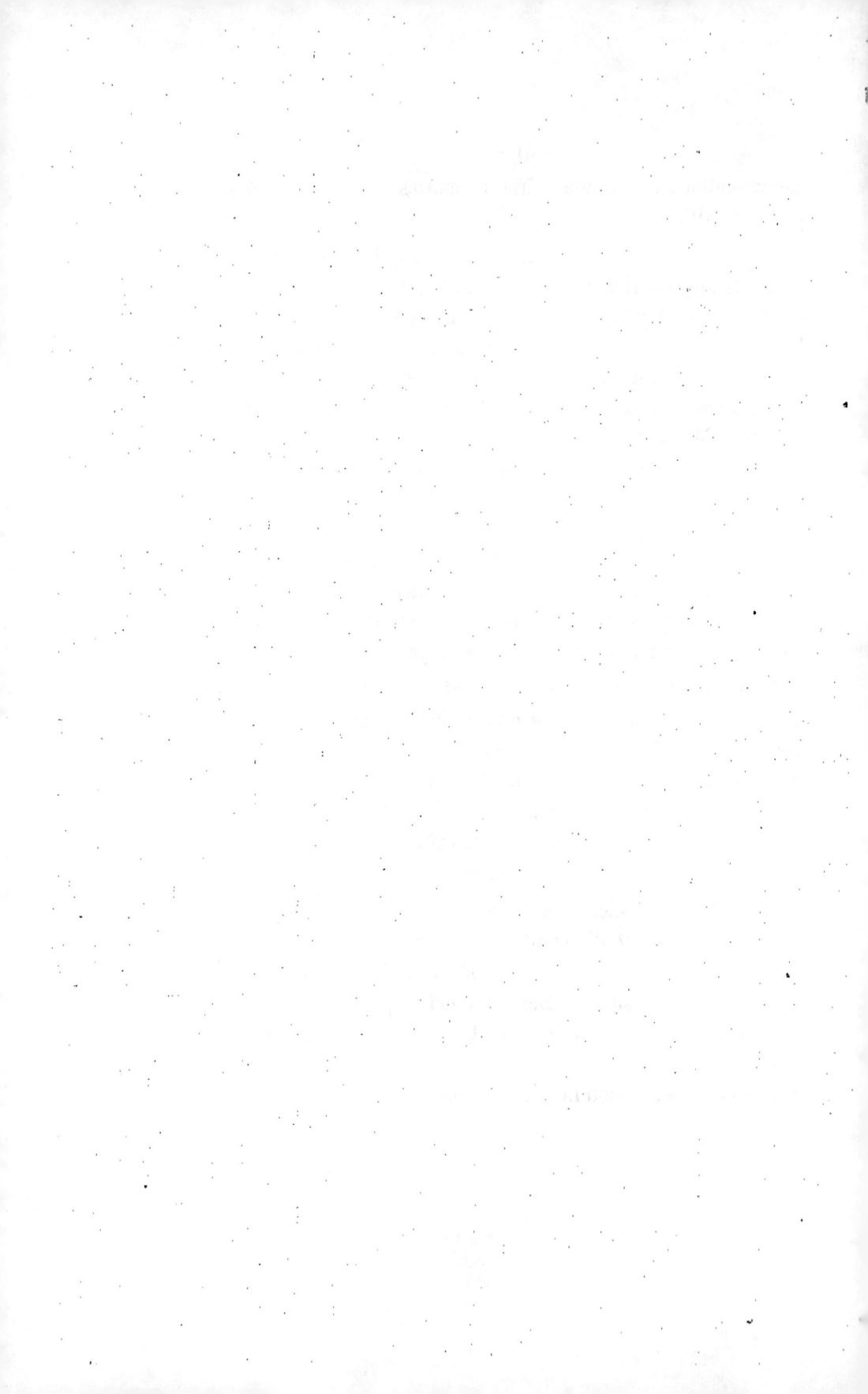

CHAPITRE SIX.

DE L'INSTRUCTION DES AFFAIRES, EN MATIÈRE DE DOMANIALITÉ MARITIME.

SECTION PREMIÈRE.

Établissements étrangers à la Marine : Attributions des Préfets de départements.

« L'avis du ministre de la marine sera réclamé en ce qui
» concerne la concession des lais et relais de mer, et son
» assentiment devra être obtenu pour les autorisations rela-
» tives à la formation d'établissements, de quelque nature
» que ce soit, sur la mer et ses rivages. » *(Décret. — Loi
du 21 février 1852, art. 3.)*

Ainsi quelle que soit la nature de l'établissement projeté,
dès qu'il doit être édifié sur la mer ou ses rivages, l'assentiment du ministre de la marine est indispensable. Mais il

y a lieu de distinguer, quant à l'instruction de la demande, entre les établissements projetés pour une exploitation autre que celle de la pêche, et ceux relatifs à cette industrie. Le décret ne s'expliquant pas sur les formes qui doivent être suivies dans l'instruction des demandes concernant les établissements de la première catégorie, il convient de leur appliquer les règles du droit administratif commun.

Ainsi ces demandes sont adressées directement au préfet du département dans la circonscription duquel doivent être édifiés les établissements projetés. Cet administrateur soumet ces demandes à l'assentiment préalable du ministre de la marine ; puis, après les avoir fait examiner dans ses bureaux, par le service des ponts-et-chaussées, il délivre, s'il y a lieu, l'autorisation demandée. Le plus souvent cette autorisation est donnée sous la forme d'un arrêté. Si le préfet refuse, le demandeur peut appeler de cette décision au ministre des travaux publics ; mais alors la décision de ce ministre est inattaquable devant le Conseil d'Etat par la voie contentieuse : seulement il reste toujours la faculté de recours à ce conseil, ouvert par l'article 40 du décret du 22 juillet 1806, ou bien celle du recours plus direct encore à la personne du Souverain, réservée à tous les citoyens par le décret du 18 décembre 1852. (*Voir annexe n° 29 bis.*)

SECTION DEUXIÈME.

Établissements de Pêcheries.

« Aucun établissement de pêcherie, de quelque nature » qu'il soit ; aucun parc, soit à huîtres, soit à moules ;

» aucun dépôt de coquillages, ne peuvent être formés sur
» le rivage de la mer, le long des côtes, ni dans la partie
» des fleuves, étangs et canaux où les eaux sont salées, sans
» une autorisation spéciale délivrée par le ministre de la
» marine.

» Un règlement d'administration publique déterminera
» les formes suivant lesquelles cette autorisation sera accor-
» dée et pourra être révoquée. »

(*Loi du 9 janvier 1852, art. 2.*)

Ce règlement n'a pas encore paru ; ce silence est jus-
tifié par la déclaration formelle du ministre de la marine,
de sa résolution bien arrêtée de n'accorder désormais aucune autorisation d'établissement de *pêcheries à poissons,*
et dès-lors il n'y avait aucunement lieu de s'occuper des
formes d'après lesquelles seraient accordées ces sortes d'autorisations. Mais il n'en est pas de même en ce qui concerne
les parcs à huîtres, à moules et dépôts de coquillages, pour
la création desquels le ministre est disposé à accorder toutes
les facilités désirables dans les limites tracées par les décrets. Voici d'ailleurs quelles sont les principales formalités
prescrites pour ces sortes de demandes par le ministre de
la marine dans sa dépêche du 3 janvier 1854 (*Inscription
maritime, 2e section*) :

1° Ces demandes sont adressées au commissaire de l'inscription maritime du quartier dans lequel les parcs ou
dépôts doivent être établis ; un plan des lieux y est toujours annexé ;

2° Le commissaire de l'inscription maritime, après examen, indique dans un rapport spécial la forme de l'établissement projeté, son étendue (longueur et largeur), le point
exact de sa situation, le nom de la commune dans laquelle

il est situé, ainsi que le nom, la profession et la demeure
du pétitionnaire ; ce rapport est terminé par un avis motivé ;

3° L'établissement des parcs ou dépôts nécessitant fré-
quemment des travaux qui modifient le régime des lieux, il
est nécessaire que les ingénieurs des ponts-et-chaussées
compétents soient consultés au point de vue de la conservation du rivage et de la police de la voierie. En conséquence les chefs du service de la marine, après avoir reçu
le dossier de l'affaire, du commissaire de l'inscription maritime, transmettent toutes les pièces au préfet du département qui les envoie en communication à l'ingénieur en chef
des ponts-et-chaussées pour que ce fonctionnaire consigne
son opinion sur le plan des lieux, dont il doit certifier en
même temps l'exactitude ;

4° Enfin, quand ces diverses formalités ont été remplies,
le dossier de l'affaire est transmis au ministre de la marine,
par les soins du Préfet maritime, avec l'expression de son
opinion. Le ministre statue définitivement.

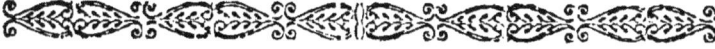

CHAPITRE SEPT.

DE LA PROCÉDURE, EN MATIÈRE DE DOMANIALITÉ MARITIME.

— ◄I►— ·

SECTION PREMIÈRE.

De la compétence des tribunaux.

L'administration de la grande voirie appartient aux préfets, sous la direction du ministre des travaux publics.

Mais le contentieux et la répression des contraventions y relatives appartiennent, avec plus de mesure, aux Conseils de préfecture, en première instance, avec plus d'étendue, au Conseil d'État, en appel.

Or, il résulte implicitement des termes de l'article 4 de la loi du 21 février 1852, que la police matérielle du Domaine public maritime est assimilée, quant aux contraventions, à celle de la grande voirie. Ainsi, compétence des préfets pour tout ce qui est de pure administration *(Voir la*

1re *section du chapitre précédent)*; compétence des conseils de préfecture pour tout ce qui tient au contentieux. *(Loi du 29 floréal an X, art. 4.)*

En conséquence, les conseils de préfecture sont compétents :

Pour ordonner la démolition et l'enlèvement des digues à la mer construites par des particuliers sans l'autorisation préalable du gouvernement, même pour la défense de leurs propriétés ;

Des travaux nuisibles à la navigation ;

Des ouvrages offensifs ou même défensifs, construits sans autorisation, dans les rivières navigables ;

Pour prononcer sur les contraventions aux mesures d'ordre public ou de navigation prescrites par les préfets sur les rivages de la mer et les rivières navigables ;

Sur les dépôts de matériaux ou amarrages non autorisés, sur les quais et cales des ports de commerce et des canaux, ainsi que des ports militaires ;

Sur les jets de lest dans les hâvres, ports, rades et passes.

Mais tout ce qui n'a pas été formellement excepté de la juridiction des tribunaux ordinaires, leur reste et leur appartient, tant en matière de grande voirie, qu'en ce qui concerne d'ailleurs toutes questions possessoires, de servitude et de propriété. Ainsi, les tribunaux de paix prononcent sur toutes actions possessoires (1); les tribunaux de première instance jugent exclusivement toutes questions

_____

(1) Loi du 6 juin 1838, art. 6.

de propriété et de servitude (1); mais en cas de contestations entre l'État et des particuliers, relativement à la propriété d'un terrain couvert à certaines marées, la question
de domanialité publique doit être préalablement décidée
dans les formes prescrites par l'article 2 de la loi du 21 février 1852. Nous pensons même que si le tribunal passait
outre au jugement de la question de propriété, le préfet du
département devrait, sur la revendication de l'autorité maritime, avoir recours à l'emploi des moyens indiqués dans
l'arrêté du 13 brumaire an X, et les ordonnances des 12 décembre 1821 et 1er juin 1828 (2).

Enfin les tribunaux de police correctionnelle sont seuls
compétents pour connaître des contraventions en matière
de pêche maritime et de pêche fluviale, et même des infractions aux lois et règlements sur la grande voirie, qui seraient de nature à entraîner des peines corporelles.

Lorsqu'il y a lieu d'adjuger des dommages-intérêts, cette
attribution appartient exclusivement aux tribunaux ordinaires.

SECTION DEUXIÈME.

Des Pénalités.

En matière de grande voirie, les pénalités se bornent au
redressement du dommage par la démolition des ouvrages

---

(1) Loi du 13 avril 1838, art. 1er.

(2) Ces ordonnances sont relatives au conflit; elles en règlent les
formes.

ou l'enlèvement des matériaux par les contrevenants, ou
d'office à leurs frais, et à des amendes plus ou moins élevées suivant les circonstances. Ces pénalités, quant à la
grande voirie maritime, se résument presque toutes dans
l'ordonnance de la marine du mois d'août 1681 (1). Il est
vrai que, dans beaucoup de cas, cette ordonnance, ou ne

---

(1) *Ordonnance de 1681.* — Livre IV, titre 1er, art. 13 : « Enjoi-
» gnons aux maçons et autres employés aux réparations des murailles,
» digues et jetées des canaux, hâvres et bassins, d'enlever les décom-
» bres et faire place nette incontinent après les ouvrages finis, à peine
» d'amende arbitraire et d'y être pourvu à leurs frais. »

(*L'art. 4, titre IV du livre II de l'ordonnance de 1689 contient
une pareille disposition, et fixe l'amende à 100 livres; mais cette
ordonnance concerne seulement les ports militaires.*)

Livre IV, titre 4, art. 6 : « Faisons défenses à tous capitaines et
» maîtres de navires de jeter leur lest dans les ports, canaux, bassins
» et rades, à peine de cinq cents livres d'amende, pour la première
» fois, et de saisie et confiscation de leurs bâtiments en cas de réci-
» dive; et aux délesteurs, de les porter ailleurs que dans les lieux à ce
» destinés, à peine de punition corporelle. »

Livre IV, titre 1er, art. 11 : « Les propriétaires des vieux bâtiments
» hors d'état de naviguer, seront tenus de les rompre, et d'en enlever
» incessamment les débris, à peine de confiscation et de cinquante
» livres d'amende, applicable à la réparation des quais, digues et
» jetées.

» Art. 12 : Seront tenus, sous pareille peine de cinquante livres d'a-
» mende, ceux qui feront des fosses dans les ports pour travailler au
» radoubs de leurs navires, de les remplir vingt-quatre heures après
» que leurs bâtiments en seront dehors.

Livre IV, titre 7, art. 2 : « Faisons défenses à toutes personnes de
» bâtir sur les rivages de la mer, d'y planter aucuns pieux, ni faire
» aucuns ouvrages qui puissent porter préjudice à la navigation, à
» peine de démolition des ouvrages, de confiscation de matériaux et
» d'amende arbitraire. »

prononce aucune peine, ou ne prononce que des peines
actuellement inapplicables, telles que l'amende arbitraire, etc., etc. Est-ce à dire que ses prescriptions se
trouvent aujourd'hui dépourvues de toute sanction pénale ?
Non sans doute ; car d'abord, par une loi du 23 mars 1842,
relative à la police de la grande voirie, il a été décrété que,
dans tous les cas où les anciennes ordonnances prononcent,
en pareille matière, une amende arbitraire, cette amende
serait de 16 fr. au moins, et de 300 fr. au plus ; et en
second lieu, toutes les dispositions réglementaires qui ne
stipulent aucune pénalité, trouvent leur sanction dans les
articles 471 et 474 du Code pénal.

Il ne sera pas inutile de faire remarquer ici qu'il appartient aux préfets et sous-préfets d'ordonner la démolition
immédiate des ouvrages qu'ils jugent nuisibles à la navigation, sans attendre la décision du Conseil de préfecture.

SECTION TROISIÈME.

Des Procès-Verbaux.

———

« Les syndics des gens de mer, gardes maritimes et
» gendarmes de la marine pourront constater, concurrem-
» ment avec les fonctionnaires et agents dénommés dans
» les lois et décrets relatifs à la grande voirie, les éta-
» blissements irrégulièrement formés sur le domaine public
» maritime.

» Les commissaires de l'inscription maritime donneront,
» dans ce cas, aux procès-verbaux de ces agents, la direc-

» tion indiquée par l'article 113, titre IX, du décret du
» 16 décembre 1811. » (*Décret-loi du 21 février 1852,
art. 4.*)

Or, voici ce que porte cet article 113 :

« Ces procès-verbaux seront adressés au sous-préfet, qui
» ordonnera sur le champ, aux termes des articles 3 et 4
» de la loi du 29 floréal an X, la réparation des délits par
» les délinquants, ou à leur charge, s'il s'agit de dégrada-
» tions, dépôts de fumiers, immondices ou autres substan-
» ces, et en rendra compte au Préfet en lui adressant les
» procès-verbaux. »

Ainsi les procès-verbaux mentionnés en l'article 4 du
décret du 21 février 1852, sont adressés directement au
Préfet ou au Sous-Préfet, pour y être donné telle suite que
de droit. Il est d'ailleurs bien entendu que cette transmis-
sion a lieu par la voie hiérarchique, c'est-à-dire, par l'en-
tremise du Préfet maritime.

Quant aux procès-verbaux en eux-mêmes, ils ne sont as-
sujettis à aucune forme particulière, il suffit qu'ils consta-
tent clairement la contravention, et qu'ils soient affirmés
dans les trois jours de leur date. Cette affirmation peut
d'ailleurs être faite, soit devant le juge de paix du canton
de la résidence des agents-rédacteurs, soit devant celui du
canton où la contravention a été commise.

Il a été reconnu par la jurisprudence que le défaut de
timbre et d'enregistrement de ces procès-verbaux ne saurait entraîner leur nullité. Au surplus ils ne font foi que
jusqu'à preuve contraire.

SECTION QUATRIÈME.

De la Procédure.

Les Conseils de préfecture sont composés de trois, quatre et cinq membres, selon l'importance des départements.

Le Préfet les préside, et sa voix est prépondérante en cas de partage. *(Loi du 28 pluviôse an VIII, titre II, art. 5.)*

Régulièrement, les arrêtés des Conseils de préfecture doivent être libellés comme des jugements, et sous cette forme : *Arrête, Ordonne, Prescrit.* Mais ceci est plutôt rationnel qu'obligatoire, parce qu'aucune loi ne précise de formule.

Aucune loi ni règlement n'a non plus déterminé le mode de procéder devant les Conseils de préfecture : ils n'ont donc ni prétoire, ni ministère publics, ni greffe, ni avoués, ni huissiers. L'instruction des affaires se fait devant eux sans plaidoirie ni publicité, par écrit, et sur simples mémoires communiqués par voie administrative, soit aux directeurs locaux des différentes parties du service public, pour avoir leurs avis, soit aux parties adverses pour avoir leurs défenses.

Ils peuvent, comme tous les tribunaux, par des arrêtés préparatoires et selon les matières, ordonner, pour s'éclairer, des apports de pièces, des levées de plans, des expertises, des vérifications d'actes et de faits, des descentes de lieux, etc.

Les arrêtés des Conseils de préfecture, par cette raison qu'ils ont la forme des jugements, peuvent être annulés par le Conseil d'État pour certains vices de formes, comme si, parmi les conseillers qui les ont signés, il s'en trouve un qui exerce une profession incompatible ;

Ou si ces arrêtés n'ont été ni portés sur le registre des délibérations, ni signés ;

Ou s'ils ne sont pas motivés ;

Ou s'ils ont été rendus par le Préfet en conseil de préfecture ;

Ou si, en matière pénale, ils n'énoncent pas les termes de la loi appliquée ;

Ou si, au lieu de rendre un jugement, ils se bornaient à donner un avis.

Les Conseils de préfecture, comme les autres tribunaux, reçoivent l'opposition à leurs arrêtés par défaut, nonobstant toute signification et jusqu'à exécution ; ils reçoivent aussi la tierce-opposition à leurs arrêtés définitifs.

Ces arrêtés d'ailleurs emportent hypothèque et contrainte par corps :

Ils deviennent, aussitôt qu'ils sont rendus, la propriété des parties qui les ont obtenus ;

Ils fondent des droits acquis.

Du principe que les Conseils de préfecture sont de véritables tribunaux, et qu'ils en ont l'autorité, il suit :

Qu'ils en ont l'indépendance, et qu'ainsi leurs arrêtés ne peuvent être confirmés, réformés ou modifiés, ni par le préfet, ni par le ministre ;

Que ces arrêtés n'ont besoin, pour être exécutés, ni de

l'intervention des préfets, ni de leur visa, ni de leur mandement.

Les membres des Conseils de préfecture ne peuvent, en matière contentieuse, s'abstenir pour cause de récusation : sans cela, comme le fait remarquer M. Cormenin, il arriverait qu'au gré de l'intérêt, des passions ou des menaces d'un citoyen, l'administration, dont la marche doit être rapide, se verrait sans cesse paralysée. Ces récusations ne sont d'ailleurs autorisées par aucune loi.

Les procès-verbaux de contravention en matière de grande voirie n'ont nullement besoin d'être notifiés aux parties. Les Conseils de préfecture sont valablement saisis, soit par la remise du procès-verbal, soit par l'opposition au règlement.

La prétention du réclamant à la propriété du sol, ne détruirait point l'existence de la contravention, et ne ferait point obstacle à la répression de cette contravention, sauf le jugement de la question de propriété par les tribunaux ordinaires. Dans ce cas, en effet, le Conseil de préfecture doit statuer sur la contravention, sans attendre le jugement sur la question de propriété. Ces deux questions sont distinctes.

Il résulte de la jurisprudence adoptée par le Conseil d'État, à l'occasion de travaux exécutés sans autorisation sur les bords de la mer pour défendre une propriété particulière, que le propriétaire et l'usufruitier sont responsables envers l'État, des conséquences de la contravention commise par le fermier en effectuant ces travaux, et de la condamnation prononcée contre lui, bien que ni l'un ni l'autre n'eussent été mis en cause.

Lorsqu'il s'agit de digues construites à la mer, c'est au délinquant à prouver qu'il a été autorisé : la preuve négative n'incombe jamais à l'administration.

En matière contentieuse, les arrêtés des Conseils de préfecture sont susceptibles d'appel au Conseil d'État dans les trois mois de la signification régulière, lorsqu'ils sont contradictoires, ou de la date de l'exécution, lorsqu'ils sont par défaut. Passé ce délai, le recours n'est plus admis. (*Règlement du 22 juillet 1806, art. 11.*)

Enfin, une dernière remarque à consigner, qui ne laisse pas que d'avoir son importance, c'est que les contraventions aux règlements de voirie, étant constatées et réprimées dans un intérêt public, l'administration qui les poursuit ne peut, si le prévenu est acquitté, être condamnée aux dépens.

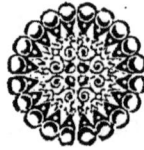

ANNEXES.

ANNEXE N° 1.

Parmi les choses déclarées communes et à l'usage de tous par les lois romaines, fondées, à cet égard, sur les principes du droit naturel, la mer et ses bords tenant le premier rang *(Domat, tome 2 du Droit public, liv. premier, titre 8, sect. première, n. 1 et 2, fol.* 60) il importait d'autant plus de déterminer l'étendue du rivage de la mer, et de défendre d'y faire aucune entreprise préjudiciable à la navigation et au public, qu'il a été plus difficile d'obliger les seigneurs des grands fiefs, voisins des côtes, d'abandonner leurs prétentions en cette partie, soit à titre de propriété, soit à titre de juridiction, et de renoncer aux usurpations qu'ils y avaient faites, comme il sera observé sur le titre des naufrages.

Comment ces seigneurs auraient-ils douté que le rivage de la mer ne leur appartenait pas, eux qui, par une affecta-

Valin, Commentaire sur le titre vii de l'ordonnance de 1681. Tome 2, page 581.

Rivages de la mer.

5

tion singulière, confrontaient leurs terres, les uns à l'Espagne, les autres à l'Angleterre, la mer entre deux?

Il ne suffisait donc pas de les avoir désabusés de ce côté-là, il fallait encore leur indiquer les limites de leurs terres, en fixant le rivage de la mer, et en le mettant à couvert de nouvelles entreprises à l'avenir; et c'est à quoi il a été pourvu par les deux articles, dont ce titre est seulement composé, en y joignant le titre de la pêche, et celui des parcs et pêcheries.

ANNEXE N° 2.

Ordonnance de 1681. Livre IV, titre VII.

ART. 1er. — Sera réputé bord et rivage de la mer, tout ce qu'elle couvre et découvre pendant les nouvelles et pleines lunes, et jusqu'où le grand flot de mars se peut étendre sur les grèves.

Police matérielle des rivages de la mer.

ART. 2. — Faisons défenses à toutes personnes de bâtir sur les rivages de la mer, d'y planter aucuns pieux, ni faire aucuns ouvrages qui puissent porter préjudice à la navigation, à peine de démolition des ouvrages, de confiscation des matériaux, et d'amende arbitraire.

ANNEXE N° 3.

Ordonnance de 1681. Livre V, titre III.

ART. 4. — Les parcs dans la construction desquels il entrera bois ou pierre, seront démolis, à la réserve de ceux bâtis avant l'année 1544, dans la jouissance desquels les possesseurs seront maintenus, conformément aux articles

84 et 85 de l'ordonnance du mois de mars 1584, pourvu qu'ils soient construits en la manière ci-après.

ART. 5. — Les parcs seront construits de pierres rangées en forme de demi-cercles, et élevés à la hauteur de quatre pieds au plus, sans chaux, ciment, ni maçonnerie; et ils auront dans le fond, du côté de la mer, une ouverture de deux pieds de largeur, qui ne sera fermée que d'une grille de bois, ayant des trous en forme de mailles d'un pouce au moins en quarré, depuis la Saint-Remi jusqu'à Pâques; et de deux pouces en quarré, depuis Pâques jusqu'à la Saint-Remi.

Parcs et pêcheries. Conditions de leur établissement sur les rivages et bords de la mer.

. . . .
. . . .

ART. 8. — Faisons défenses à toutes personnes, de quelque qualité et condition qu'elles puissent être, de bâtir ci-après sur les grèves de la mer, aucuns parcs, dans la construction desquels il entre bois ou pierre, à peine de trois cents livres d'amende, et de démolition des parcs à leurs frais.

ART. 9. — Faisons aussi défenses aux seigneurs des fiefs voisins de la mer, et à tous autres, de lever aucun droit, en deniers ou en espèces, sur parcs et pêcheries, et sur les pêches qui se font en mer ou sur les grèves; et de s'attribuer aucune étendue de mer, pour y pêcher à l'exclusion d'autres, sinon en vertu d'aveux et dénombrements reçus en nos chambres des comptes avant l'année 1544, ou de concession en bonne forme, à peine de restitution du quadruple de ce qu'ils auront exigé, et de quinze cents livres d'amende.

ART. 10. — Faisons pareillement défenses à tous gouverneurs, officiers et soldats des isles et des forts, villes et châteaux construits sur le rivage de la mer, d'apporter aucun obstacle à la pêche dans le voisinage de leurs places, et d'exiger des pêcheurs argent ou poisson pour la leur permettre; à peine, contre les officiers, de perte de leurs emplois, et, contre les soldats, de punition corporelle.

ANNEXE N° 4.

Ordonnance d'août 1669, sur les eaux et forêts. Titre xxvii.

ART. 40. — Ne seront tirées terres, sables et autres matériaux à six toises près des rivières navigables, à peine de cent livres d'amende.

Police des fleuves et rivières navigables.

ART. 41. — Déclarons la propriété de tous les fleuves et rivières portant bateau, de leur fonds, sans artifices et ouvrages de main, dans notre royaume et terres de notre obéissance, faire partie du domaine de notre couronne, nonobstant tous titres et possessions contraires, sauf les droits de pêche, moulins, bacs, et autres usages que les particuliers peuvent y avoir par titres et possessions valables, auxquels ils seront maintenus.

ART. 42. — Nul, soit propriétaire ou engagiste, ne pourra faire moulins, batardeaux, écluses, gords, pertuis, murs, plant d'arbres, amas de pierres, de terres et de fascines, ni autres édifices ou empêchements nuisibles au cours de l'eau, dans les fleuves et rivières navigables et flottables, ni même y jeter aucunes ordures, immondices, ou les amasser sur les quais et rivages, à peine d'amende arbitraire. Enjoignons à toutes personnes de les ôter dans trois mois du jour de la publication des présentes; et si aucuns se trouvent subsister après ce temps, voulons qu'ils soient incessámment ôtés et levés, à la diligence de nos procureurs des maîtrises, aux frais et dépens de ceux qui les auront faits ou causés, sous peine de cinq cents livres d'amende, tant contre les particuliers que contre le juge et notre procureur qui auront négligé de le faire, et de répondre en leurs privés noms des dommages et intérêts.

Art. 43. — Ceux qui ont fait bâtir des moulins, écluses, vannes, gords et autres édifices dans l'étendue des fleuves et rivières navigables et flottables, sans en avoir obtenu la permission de Nous ou de nos prédécesseurs, seront tenus de les démolir, sinon le seront à leurs frais et dépens.

Art. 44. — Défendons à toutes personnes de détourner l'eau de rivières navigables et flottables, ou d'en affaiblir et altérer le cours par tranchées, fossés et canaux, à peine, contre les contrevenants d'être punis comme usurpateurs. et les choses réparées à leurs dépens.

ANNEXE N° 5.

———

La Convention nationale, après avoir entendu le rapport de ses comités d'aliénation et domaine réunis et d'agriculture,

Décrète ce qui suit :

La Convention nationale maintient provisoirement dans leur possession tous les détenteurs des portions du rivage de la mer qu'ils avaient rencloses et cultivées avant le mois de juillet 1789 : elle annule tout partage qui pourrait en avoir été fait par les communes riveraines ; et charge ses comités d'aliénation et domaines réunis et d'agriculture,

Décret du 21 prairial an III.

Détenteurs de portions du rivage de la mer.

de lui présenter incessamment un projet de loi générale sur les parties du rivage de la mer susceptibles d'être utilisées.

ANNEXE N° 6.

Loi
du 39 floréal,
an x.

Contraventions
en matière
de
grande
voierie.

ART. 1er. — Les contraventions en matière de grande voirie, telles qu'anticipations, dépôts de fumiers ou d'autres objets, et toutes espèces de détériorations commises sur les grandes routes, sur les arbres qui les bordent, sur les fossés, ouvrages d'art et matériaux destinés à leur entretien, sur les canaux, fleuves et rivières navigables, leurs chemins de halage, francs-bords, fossés et ouvrages d'art, seront constatées, réprimées et poursuivies par voie administrative.

ART. 2. — Les contraventions seront constatées concurremment par les maires ou adjoints, les ingénieurs des ponts-et-chaussées, leurs conducteurs, les agents de la navigation, les commissaires de police, et par la gendarmerie. A cet effet ceux des fonctionnaires publics ci-dessus désignés qui n'ont pas prêté serment en justice, le prêteront devant le préfet.

ART. 3. — Les procès-verbaux sur les contraventions seront adressés au Sous-Préfet, qui ordonnera, par provision, et sauf le recours au Préfet, ce que de droit pour faire cesser le dommage.

ART. 4. — Il sera statué définitivement en conseil de préfecture. Les arrêtés seront exécutés sans visa ni mandement des tribunaux, nonobstant et sauf tout recours; et les individus condamnés seront contraints par l'envoi de garnissaires et saisie de meubles, en vertu desdits arrêtés, qui seront exécutoires et emporteront hypothèque.

ANNEXE N° 7.

————

ART. 538. — Les chemins, routes et rues à la charge de l'État, les fleuves et rivières navigables ou flottables, les rivages, lais et relais de la mer, les ports, les havres, les rades, et généralement toutes les portions du territoire français qui ne sont pas susceptibles d'une propriété privée, sont considérées comme des dépendance du domaine public.

ART. 539. — Tous les biens vacants et sans maître, et ceux des personnes qui décèdent sans héritiers, ou dont les successions sont abandonnées, appartiennent au domaine public.

ART. 540. — Les portes, murs, fossés, remparts des places de guerre et des forteresses, font aussi partie du domaine public.

ART. 541. — Il en est de même des terrains des fortifications et remparts des places qui ne sont plus places de guerre : ils appartiennent à l'État, s'ils n'ont été valablement aliénés, ou si la propriété n'en a pas été prescrite contre lui.

. . . .

ART. 560. — Les îles, îlots, attérissements qui se trouvent dans le lit des fleuves ou des rivières navigables ou

Code civil.

Domaine public.

flottables, appartiennent à l'État, s'il n'y a titre ou prescription contraire.

. . . .

ART. 713. — Les biens qui n'ont pas de maître appartiennent à l'État.

ART. 714. — Il est des choses qui n'appartiennent à personne et dont l'usage est commun à tous, — des lois de police règlent la manière d'en jouir.

ANNEXE N° 8.

Code de procédure civile.

Actions en matière domaniale.

ART. 69. — Seront assignés : — 1° l'État, lorsqu'il s'agit de domaines et droits domaniaux, en la personne ou au domicile du Préfet du département où siége le tribunal devant lequel doit être portée la demande en première instance . . . .

. . . .

ANNEXE N° 9.

Décret Impérial du 16 septembre 1807.

Aliénabilité des lais et relais de la mer.

ART. 41. — Le gouvernement concédera, aux conditions qu'il aura réglées, les marais lais, relais de la mer, le droit d'endignage, les accrues, attérissements et alluvions des fleuves, rivières et torrents, quant à ceux de ces objets qui forment propriété publique ou domaniale.

ANNEXE N° 10.

Art. 14. — Ils (les officiers de port de commerce) exerceront une surveillance assidue sur tous les faits tendant à compromettre l'entretien et la conservation des quais, cales, bassins, jetées, écluses, havres, et en général, de tous les établissements maritimes.

Art. 15. — Ils dresseront des procès-verbaux contre tous ceux qui, dans les différentes circonstances ci-dessus exprimées, se seraient rendus coupables de quelques délits, et l'application des peines et amendes prononcées par les règlements, sera poursuivie à leur diligence, soit auprès des Conseils de préfecture, soit auprès des tribunaux.

Décret impérial du 10 mars 1807.
Police matérielle des ports de commerce, havres, jetées et travaux à la mer.

ANNEXE N° 11.

Art. 112. — A dater de la publication du présent décret, les cantonniers, gendarmes, gardes-champêtres, conducteurs des ponts-et-chaussées, et autres agents appelés à la surveillance de la police des routes, pourront affirmer leurs procès-verbaux de contraventions ou de délits, devant le maire ou l'adjoint du lieu.

Art. 113. — Ces procès-verbaux seront adressés au Sous-Préfet, qui ordonnera sur-le-champ, aux termes des articles 3 et 4 de la loi du 29 floréal an X, la réparation des délits par les délinquants, ou à leur charge, s'il s'agit de dégradations, dépôts de fumiers, immondices ou autres

Décret impérial du 16 décembre 1811.
Répression des contraventions de grande voirie.

substances, et en rendra compte au Préfet en lui adressant les procès-verbaux.

Art. 114. — Il sera statué sans délai, par les Conseils de préfecture, tant sur les oppositions qui auraient été formées par les délinquants, que sur les amendes encourues par eux, nonobstant la réparation du dommage.

Seront, en outre, renvoyés à la connaissance des tribunaux les violences, vols de matériaux, voies de fait, ou réparations de dommages réclamés par des particuliers.

Art. 115. — Un tiers des amendes de grande voirie appartiendra à l'agent qui aura constaté le délit ; le deuxième tiers, à la commune du lieu du délit; et le troisième tiers sera versé comme fonds spécial à notre trésor impérial, et affecté au service des ponts-et-chaussées.

Art. 116. — La rentrée des amendes prononcées par les Conseils de préfecture en matière de grande voirie, sera poursuivie à la diligence du receveur général du département, et dans la forme établie pour la rentrée des contributions publiques.

Art. 117. — Toutes dispositions contraires au présent décret sont abrogées.

Art. 118. — Nos Ministres de l'Intérieur, des Finances et du Trésor impérial, sont chargés, chacun en ce qui le concerne, de l'exécution du présent décret qui sera inséré au Bulletin des Lois.

ANNEXE N° 12.

Décret impérial du 10 avril 1812.

Vu la loi du 29 floréal an X, relative aux contraventions en matière de grande voirie ;

Vu le titre IX de notre décret du 16 décembre 1811 prescrivant des mesures répressives des délits de grande voirie, et complétant la loi du 29 floréal ;

Notre Conseil d'État entendu ;

Nous avons décrété et décrétons ce qui suit :

ART. 1er. — Le titre IX de notre décret précité est applicable aux canaux, rivières navigables, ports maritimes de commerce et travaux à la mer, sans préjudice de tous les autres moyens de surveillance ordonnés par les lois et décrets, et des fonctions des agents qu'ils instituent.

ART. 2. — Notre Ministre de l'Intérieur est chargé de l'exécution du présent décret, qui sera inséré au Bulletin des Lois.

Le titre IX du décret du 16 décembre 1811, est applicable aux canaux, rivières navigables, ports de commerce et travaux à la mer.

ANNEXE N° 13.

Charles, etc. ;

Vu la loi du 16 septembre 1807 relative à la concession des relais de mer, alluvions des fleuves navigables, et autres objets dépendant du domaine public ;

Considérant qu'il importe de déterminer, pour la conservation des intérêts de l'État, les formalités et les opérations dont les concessions de cette nature doivent être précédées ;

Sur le rapport de notre Ministre secrétaire d'état des Finances ;

Nous avons ordonné et ordonnons ce qui suit :

ART. 1er. — A compter de la publication de la présente ordonnance, les concessions des lais et relais de la mer, des

Ordonnance royale du 23 septembre 1825.

Mode de concession des lais et relais de la mer.

accrues, attérissements et alluvions des fleuves, rivières et torrents, formant propriété publique ou domaniale, devront être précédées, aux frais des demandeurs de ces concessions, pour ce qui en sera susceptible : 1° de plans levés, vérifiés et approuvés par les ingénieurs des ponts-et-chaussées ; 2° d'un mesurage et d'une description exacte, avec l'évaluation en revenus et en capital ; 3° d'une enquête administrative de *commodo et incommodo* ; 4° d'un arrêté pris par le Préfet, après avoir entendu les ingénieurs des ponts-et-chaussées ainsi que le directeur des domaines, et de plus le directeur du génie militaire, lorsque les objets à concéder seront situés dans la zône des frontières ou aux abords des places fortes ; 5° de l'avis respectif des directeurs généraux des ponts-et-chaussées et des domaines ; 6° de l'avis du Ministre de la guerre, dans l'intérêt de la défense du royaume (1) ; 7° enfin, d'un examen en Conseil d'État (comité des finances) des demandes en concession, ainsi que des charges et conditions proposées de part et d'autre.

Art. 2. — Notre Ministre secrétaire d'état des Finances est chargé de l'exécution de la présente ordonnance, qui sera insérée au Bulletin des Lois.

ANNEXE N° 14.

Loi
du 15 avril
1829.

Art. 1er. — Le droit de pêche sera exercé au profit de l'État :

---

(1) Voir le décret du 21 février 1852, page   ci-après.

1° Dans tous les fleuves, rivières, canaux et contre-fossés navigables ou flottables avec bâteaux, trains ou radeaux, et dont l'entretien est à la charge de l'État ou de ses ayant-cause ;

. 2° Dans les bras, noues, boires et fossés, qui tirent leurs eaux des fleuves et rivières navigables ou flottables, dans lesquels on peut en tout temps passer ou pénétrer librement en bâteau de pêcheur, et dont l'entretien est également à la charge de l'État.

De la pêche fluviale.

. . . .

Des ordonnances royales fixeront les limites entre la pêche fluviale et la pêche maritime dans les fleuves et rivières affluant à la mer. Ces limites seront les mêmes que celles de l'inscription maritime ; mais la pêche qui se fera au-dessus du point où les eaux cesseront d'être salées, sera soumise aux règles de police et de conservation établies pour la pêche fluviale.

ANNEXE N° 15.

ART. 1er. — La pêche sera exercée au profit de l'État dans les fleuves, rivières, canaux et portions de fleuves et de rivières, désignés par le tableau joint à la présente ordonnance.

Ordonnance royale du 10 juillet 1853.

ART. 2. — Les limites entre la pêche fluviale et la pêche maritime demeurent fixées conformément aux indications portées dans la cinquième colonne du même tableau (1).

Limite entre la pêche flu-viale et la pê-che maritime.

---

(1) Voir les décrets impériaux du 4 Juillet 1853 sur la pêche cô-tière et l'annexe ci-après n° 20 bis.

Aɴᴛ. 3. — Notre Ministre secrétaire d'état des finances est chargé de l'exécution de la présente ordonnance, qui sera insérée au Bulletin des Lois.

ANNEXE N° 16.

Lettre
du Ministre
de la Marine
au Ministre
des Finances,
en date du
21 décembre
1835.

Faculté de
circulation le
long du riva-
ge de la mer.

Monsieur et cher collègue, vous m'avez fait l'honneur de me communiquer, le 23 novembre dernier, un rapport de M. le directeur de l'administration des douanes, relatif à des difficultés qui se sont élevées entre le propriétaire du domaine dit *le Vollcrault*, situé sur le bord de la mer, et les agents des douanes de la direction de Saint-Malo, à qui ce particulier persiste à refuser un passage à travers sa propriété lorsque les grandes marées privent de tout autre moyen de circulation pour surveiller cette partie du littoral.

Votre but, en me communiquant ce rapport, a été d'avoir mes observations et mon avis sur une question fort importante qu'il soulève, et qui est ainsi posée :

1° Existe-t-il quelque disposition législative ou autre qui attribue au domaine public, comme accessoire du rivage de la mer, une portion quelconque de terrain autre que ce qui est couvert par le flot de mars, ou qui établisse sur les propriétés riveraines une servitude analogue à celle qui existe pour les bords des rivières navigables ou flottables?

2° En admettant que la jurisprudence ait consacré pour le littoral maritime la disposition de l'ordonnance de 1415, la distance de 24 pieds doit-elle se mesurer à partir du fil de l'eau, lors de la plus haute marée, à vol d'oiseau, sans qu'il soit tenu compte d'aucun accident de terrain, ou bien ces 24 pieds ne doivent-ils être comptés qu'à partir du point où il existe un terrain praticable propre à remplir le but du législateur, à servir, en un mot, de chemin de communication ?

J'ai lu avec une sérieuse attention l'exposé lumineux duquel M. le directeur de l'administration des douanes a fait surgir les deux questions précédentes. Les considérations qu'il présente pour établir, sous les divers points de vue d'utilité publique, la nécessité qu'il y ait, en tout temps et partout, possibilité de libre circulation sur le littoral maritime, le long du fil de l'eau, sont assurément d'une très-grande force; mais, enfin, je ne connais pas de disposition législative qui attribue au domaine public ou range parmi les servitudes une portion quelconque du terrain contigu à celui qui constitue le rivage proprement dit, dont l'ordonnance de la marine du mois d'août 1681 (liv. IV, tit. VII, art. 1er), donne la définition suivante, rappelée dans le rapport de M. le directeur de l'administration des douanes : « Sera réputé bord et rivage de la mer tout ce » qu'elle couvre et découvre pendant les nouvelles et » pleines lunes, et jusqu'où le grand flot de mars se peut » étendre sur les grèves. »

A ce sujet, M. le directeur de l'administration des douanes cite un des commentateurs de l'ordonnance de 1681 (édition usuelle in-12 de 1792), dont l'opinion est que le terme *bords et rivages de la mer* comprend le chemin qui, par la disposition de droit, doit être réservé le long des côtes pour la suite de l'eau, chemin (dit le même commentateur) qui doit être de 24 pieds de large à partir du rivage proprement dit, conformément aux dispositions de l'ordonnance de 1415. « Mais cette dernière ordonnance, fait obser-

» ver à son tour M. Gréterin, n'a pour objet explicite que de
» régler les conditions d'établissement et d'entretien d'un
» marche-pied le long des rivières navigables ou flottables.
» Valin (ajoute-t-il) ne s'est pas expliqué précisément sur
» cette question ; toutefois, il semble résulter de la dis-
» cussion à laquelle il se livre sur quelques questions de
» compétence et de privilége aujourd'hui sans objet, que,
» dans sa pensée, les dispositions de l'ordonnance de 1681
» comprenaient, *outre le terrain couvert par le flot de*
» *mars,* un espace quelconque en deçà dans les terres,
» susceptible de servir à la circulation. »

Valin ne me paraît pas avoir eu la pensée que lui prête
M. le directeur de l'administration des douanes : Je dirai
même qu'il était d'un avis tout-à-fait contraire.

En effet, si ce commentateur, dans ses notes sur le titre
de la *compétence* (art. 5), dit que la juridiction de l'amirauté *ne s'arrête pas au rivage de la mer,* c'est uniquement
par rapport aux *rivières navigables,* dans lesquelles il ajoute
que cette juridiction s'étend jusqu'où le flux de la mer se
fait sentir ; or, on conçoit que, dans les rivières, l'action du
flux va beaucoup au delà du point où elle s'arrête *sur terre,*
en y marquant la limite du rivage. Poursuivant ses réflexions sur le même titre, plus loin, à l'occasion de la disposition de l'article 6, qui soumettait à la police de l'amirauté jusqu'au point de cessation du flux de la mer, les
chemins destinés au halage des vaisseaux dans les rivières,
Valin dit : « Le chemin pour le halage des vaisseaux est
» fixé par les anciennes ordonnances à 24 pieds de large.
» C'est donc cet espace le long des rivières navigables jus-
» qu'où le flux de la mer se fait sentir, qui est de la com-
» pétence de l'amirauté ; mais reste à savoir s'il en doit

» être de même d'un pareil espace le long du rivage de la
» mer? » Puis, pour l'éclaircissement de ce dernier point,
il renvoie aux notes sur l'article 2 du titre VII, livre IV,
concernant le rivage de la mer. Là, il donne l'explication
annoncée, et voici comment il s'exprime : « En fait de ri-
» vières navigables, le chemin ou l'espace qui doit demeu-
» rer libre le long de la rive pour le halage des vaisseaux,
» et que les anciennes ordonnances ont fixé à 24 pieds de
» largeur, est censé une dépendance de la rive, et par con-
» séquent est de la compétence de l'amirauté à l'égard des
» rivières où le flux de la mer se fait sentir. *Je ne crois*
» *pas qu'on en doive dire autant du bord de la mer;* c'est-
» à-dire, que l'espace qui règne le long de la falaise ou du
» rivage soit censé en faire partie jusqu'à la distance de
» 24 pieds, à l'effet de le soumettre à la juridiction de l'a-
» mirauté, puisque le motif du halage ne peut s'y rencon-
» trer. *Ce terrain appartient réellement aux propriétaires*
» *qui confrontent au rivage,* et par conséquent relève de
» la justice du seigneur du lieu : de sorte que, s'il s'y com-
» mettait un meurtre, ce serait au juge du seigneur haut-
» justicier du même lieu à en connaître et à lever le cada-
» vre, à l'exclusion des officiers de l'amirauté, à moins que
» ces officiers ne se trouvassent alors en fonctions à l'occa-
» sion d'un naufrage pour faire sauver les effets ; auquel
» cas, par droit de territoire emprunté, ils connaîtraient
» sans difficulté de tous les crimes et délits qui s'y com-
» mettraient durant leurs opérations. »

Ces citations démontrent que Valin, dont l'opinion si
éclairée forme jurisprudence, n'a jamais entendu que les
dispositions de l'ordonnance de 1681 comprissent, comme
accessoire du rivage de la mer, un espace quelconque en

6

deçà du terrain couvert par le flot de mars ; et vainement
on chercherait les traces d'une pareille pensée dans ses observations sur d'autres parties de l'ordonnance (telles que
le titre des *gardes-côtes,* celui du *guet de la mer,* et celui
des *naufrages)* où naturellement elle aurait dû se produire.

Au reste, renfermant ma réponse à la question dont il
s'agit, dans le cercle des attributions du département de la
marine, je dirai que ce département, pour les objets qui
affectent son service propre, n'élève aucune prétention sur
les terrains situés le long de la mer qui se trouvent en
dehors de la limite du littoral maritime dont le flot d'équinoxe de mars est le régulateur. J'ajouterai encore que, dans
le cas accidentel d'un naufrage qui serait arrivé à une époque
de grande marée, alors que le flot ne laisserait aucun espace
à découvert sur le rivage jusqu'au terrain dépendant d'une
propriété privée limitrophe, l'autorité maritime, dans ce
cas tout exceptionnel, se fondant sur la législation spéciale
relative aux sauvetages (ordonnance de 1681; loi du
13 août 1791 ; arrêté du 27 thermidor an VII ; arrêté du
17 floréal an IX, etc.), comme sur les dispositions de la loi
commune (art. 475 du Code pénal de 1810) requérait, à
titre de service ou de secours légalement obligatoire, la
faculté de passage et même de dépôt provisoire dans le
domaine particulier confinant au rivage, sauf à comprendre
dans les frais de sauvetage l'indemnité due au propriétaire
ainsi atteint par cette réquisition.

Cependant, je reconnais que l'existence d'une propriété
riveraine venant, comme le domaine clos de Vollerault, tou-
cher à la limite extrême du rivage, présente, lors des hautes
marées, des inconvénients de la nature la plus grave, parfaitement développés dans le rapport de M. le directeur de

'administration des douanes : mais du moment que le Code civil, article 650, tout comme l'ordonnance de 1415, n'a point étendu expressément au bord de la mer la disposition relative à la servitude du marche-pied qui doit régner sur le bord des rivières, du moment que la jurisprudence ne paraît pas avoir consacré une pareille extension, je n'aperçois d'autre moyen d'échapper aux inconvénients signalés qu'en faisant prononcer, pour cause d'utilité publique, suivant les formes de la loi du 7 juillet 1833, l'expropriation des portions de terrains dont l'adjonction au domaine public, c'est-à-dire, au rivage, serait jugée nécessaire pour avoir, en tout temps, le long du fil de l'eau, une voie de circulation continue et praticable.

Agréez, etc.

Le ministre de la marine et des colonies,
Signé : DUPERRÉ.

ANNEXE N° 17.

Louis-Philippe, etc.;

Vu l'article 12 de la loi du 10 août - 13 septembre 1791, qui charge spécialement l'administration des domaines de veiller à la conservation des propriétés de l'État et de prévenir et arrêter les prescriptions et usurpations ;

Vu l'article 69 du Code de procédure civile ;

Vu les avis de nos ministres secrétaires d'état de la justice et des cultes, des affaires étrangères, de la marine, de l'intérieur, du commerce, de l'agriculture et des travaux publics, et de l'instruction publique :

Ordonnance royale du 6 mai 1839.

Les directeurs des domaines dans les départements sont dans leurs attributions, l'instruction des actions concernant les propriétés de l'État de concert avec les Préfets.

Considérant que si, d'après l'art. 69 du Code de Procédure civile, les actions concernant les propriétés de l'État doivent être intentées ou soutenues par les Préfets, représentant l'État, la mission de conservation conférée à l'administration des domaines par la loi du 19 août-12 septembre 1791, exige le concours direct de cette administration dans les divers actes de procédure que peuvent nécessiter les instances de cette nature, soit qu'il s'agisse ou non d'immeubles affectés à des services publics, à l'exception toutefois du domaine militaire, dont la conservation est confiée spécialement au ministre de la guerre par la loi du 10 juillet 1791 ;

Sur le rapport de notre ministre secrétaire d'état au département des finances ;

Nous avons ordonné et ordonnons ce qui suit :

Art. 1er. — L'instruction de toutes les actions concernant la propriété des domaines de l'État affectés ou non affectés à des services publics, sera préparée et suivie, jusqu'à l'entière exécution des jugements et arrêts, par les directeurs des domaines dans les départements, de concert avec les préfets, sous la surveillance de notre ministre secrétaire d'état des finances.

Les chefs des différents services ministériels dans les départements seront appelés à concourir, chacun en ce qui concerne son service, à la défense des droits de l'État, en remettant au Préfet, pour être communiqués au directeur des domaines, tous les titres, plans et documents qu'ils pourront avoir par devers eux ; ils y joindront leurs observations et leurs avis.

Les dispositions qui précèdent ne sont pas applicables au domaine militaire.

Art. 2. — Nos ministres, etc., etc.

ANNEXE N° 18.

Monsieur le Préfet, en me consultant dernièrement sur l'admissibilité d'une demande en concession de terrain situé sur le rivage de la mer, le ministre des finances me mande que l'instruction locale de cette affaire n'a pu être complétée, par suite du refus qu'a fait un chef du service de la marine d'émettre son avis avant d'en avoir reçu de moi l'autorisation.

« Permettez-moi, à cette occasion (ajoute M. Humann) » de vous faire remarquer qu'il serait avantageux pour la » prompte expédition des affaires que l'administration des » domaines obtint habituellement, comme elle le demande, » de MM. les chefs de service de la marine, les renseigne- » gnements ou avis que nécessite l'instruction des deman- » des d'aliénation ou de concession de biens domaniaux » sur le littoral, sauf les cas exceptionnels où ces officiers » jugeraient indispensable de vous en référer préalable- » ment.

» J'ai lieu d'espérer que vous apprécierez comme moi les » avantages de cette manière de procéder, et que vous vou- » drez bien donner des instructions dans ce sens aux agents » de votre département. »

J'adhère bien volontiers, Monsieur le Préfet, au vœu que m'exprime le ministre des finances : en effet, l'autorisation de donner un avis est une formalité qui n'a aucune importance, et par conséquent les administrateurs de la marine,

Dépêche du 24 mars 1842 (inscription maritime).

Instruction des demandes en concession de terrain dépendant du littoral maritime.

sur la demande des administrateurs des domaines, doivent examiner et répondre sans qu'ils aient besoin de réclamer préalablement mes instructions.

Seulement, leurs réponses doivent passer par mon intermédiaire, ou, du moins, m'être communiquées par copie, afin que je puisse, au besoin, agir auprès du ministre des finances, pour obtenir les restrictions ou garanties indiquées dans les avis sur les demandes d'aliénation ou de concession de travaux dépendant du littoral maritime.

C'est dans cette forme qu'il y aura lieu de procéder désormais, Monsieur le Préfet, et je vous invite à donner à cet égard les ordres nécessaires à MM. les chefs du service de la marine de votre arrondissement.

Le ministre secrétaire d'état de la marine
et des colonies,

Signé : Amiral DUPERRÉ.

ANNEXE N° 19.

Circulaire du 3 avril 1851 (inscription maritime).

Dispositions légales en matières de domanialité et de pêche maritime.

Messieurs, l'examen de la correspondance m'a donné lieu de remarquer dernièrement que certains administrateurs confondent les prescriptions de la législation relatives à la domanialité avec celles qui régissent la pêche maritime, et cette considération a motivé les instructions que je vous adresse aujourd'hui.

Par une circulaire du 20 février 1837 (1), l'un de mes prédécesseurs vous a transmis une note, en date du 14 fé-

_____

(1) Voir annexe n° 19.

vrier 1835 (1), relative à la fixation des limites des pêches
fluviale et maritime, et dont les conclusions avaient été
adoptées par les départements de la marine, des finances et
des travaux publics.

Il a été reconnu et admis depuis lors, sans contestation,
que la pêche est maritime, c'est-à-dire, libre sur les grèves
et dans les fleuves ou rivières, jusqu'au point où remonte
le grand flot de mars ; que, de plus, une parité complète
existe entre les limites de la pêche libre et celles de l'inscription maritime déterminées par l'ordonnance du 10 juillet 1835, rendue en vertu de l'article 3, § 2 de la loi du
15 avril 1829 (2).

Mais l'exercice de la libre pêche dans la partie des fleuves
et rivières où remonte la marée ne saurait imprimer à leurs
rives le caractère de domanialité publique du rivage de la
mer, dont l'article 1er, titre VII, liv. IV, de l'ordonnance
d'août 1681, a déterminé la limite. J'adhère complètement
en conséquence aux conclusions d'un arrêt du 23 juin
1830 (3), par lequel la Cour de cassation a décidé que « le
» bord d'une rivière, même couvert par les flots de la mer,
» reste bord de rivière et n'est pas rivage de la mer. »

Le Conseil d'État a reconnu, le 18 mars 1842 (4), que la
détermination des limites de la mer appartient exclusivement à l'autorité administrative (5). Aussi, depuis quelques années, diverses commissions, dans lesquelles la ma-

---

(1) Voir annexe n° 19.
(2)   id.
(3) Sirey, 1830, 1re partie, page 277.
(4) Sirey, 1842, 2e partie, page 282.
(5) Voir la loi 21 février 1852 ci-après, page

rine a été représentée, ont-elles été instituées par des préfets de département pour fixer les limites dont il s'agit à l'embouchure de fleuves ou rivières.

Quelques administrateurs de la marine ont cru que ces dispositions étaient de nature à porter un préjudice aux intérêts maritimes, parce qu'elles leur paraissaient avoir pour but de modifier les limites consacrées par l'ordonnance du 10 juillet 1835.

Cette appréhension n'est pas fondée : les opérations de ces commissions avaient uniquement pour objet de fixer à l'embouchure de ces fleuves ou rivières le point de séparation du *rivage* et de *la rive,* afin d'arriver à l'exacte application de dispositions légales relatives à des intérêts, soit généraux, soit particuliers.

En effet, le rivage de la mer fait partie du *Domaine public;* il est, comme lui, inaliénable et imprescriptible (articles 538 et 714 du Code civil); les *lais et relais,* qui sont des portions de grève abandonnées par la mer, font partie du *domaine de l'État* (article 557 du Code civil et 41 de la loi du 16 septembre 1807) (1); ils sont dès-lors susceptibles d'appropriation et peuvent être concédés à des particuliculiers. Enfin les propriétés contigües au rivage ne sont point, ainsi que l'explique la circulaire du 21 décembre 1835 (2), légalement astreintes à une servitude de circulation.

En ce qui concerne, au contraire, la rive d'un fleuve ou d'une rivière, les articles 556 et 557 du Code civil, qui ont défini *l'alluvion,* en ont attribué la propriété au propriétaire

(1) Bull. des Lois, 4e série, no 102, page 126.
(2) Ann. maritimes de 1836, partie officielle, page 209.

riverain, qui est d'ailleurs soumis à la servitude déterminée par l'ordonnance de 1415, l'édit d'août 1669 (titre XXVIII, article 7), et confirmé par l'édit de décembre 1772, ainsi que par l'arrêt du Conseil du 24 juin 1777.

Les explications qui précèdent démontrent suffisamment que les opérations des commissions administratives ne portent aucune atteinte aux droits et aux intérêts de la pêche et de l'inscription maritime.

J'ai dit plus haut que la détermination des limites de la mer rentrait dans les attributions exclusives de l'autorité administrative : cette doctrine a été de nouveau confirmée, le 24 janvier 1850, par une décision du Conseil d'État, dont je crois devoir reproduire les conclusions :

« 1° L'autorité administrative a seule le droit de fixer les » limites de la mer à l'embouchure des fleuves ;

» 2° Au ministre des finances appartient le soin d'opérer » cette délimitation, après avoir toutefois consulté ceux de » ses collègues dont l'administration peut être intéressée » dans la solution (1);

» 3° Les limites de la mer doivent être fixées par un dé- » cret du Président de la République, rendu dans la forme » des règlements d'administration publique, sur le rapport » du ministre des finances, tous les droits des tiers ré- » servés ;

» 4° Cette détermination des limites de la mer doit être » faite d'après les règles posées par l'article 1er, titre VII, » de l'ordonnance de 1681, mais en tenant compte, dans

---

(1) Voir à la page   ci-après, la loi du 21 février 1832.

» chaque espèce, des faits et des circonstances ci-dessus
» indiquées. »

Il demeure entendu que ces formalités ne sont applicables qu'à la délimitation de la mer à l'embouchure des fleuves; sur tout autre point, cette fixation continuera d'être
opérée par des arrêtés de l'autorité administrative compétente (1).

Pour compléter les instructions contenues dans la présente dépêche, je vous transmets copie d'une circulaire par
laquelle, dans le but de conserver les intérêts considérables
que j'ai mission de défendre, des funestes empiètements
qui tendent à se multiplier sur certains points du domaine
public maritime, j'invite les préfets des départements du
littoral à s'abstenir désormais d'accorder, sans mon assentiment, des autorisations relatives à des établissements sur
le rivage.

Il ne vous échappera pas qu'en confirmant les dispositions de la circulaire du 24 mars 1842 (2), je fais remarquer à ces fonctionnaires que toute demande d'informations
ne doit parvenir aux administrateurs de la marine que par
l'intermédiaire des préfets maritimes, et qu'il en est de
même pour la désignation d'un agent de la marine destiné
à prendre part aux travaux d'une commission administrative. Il appartient, dans ce dernier cas, aux préfets maritimes de réclamer à ce sujet mon autorisation, en me trans-

(2) Voir la même loi du 21 février 1852.
(3) Voir l'annexe n° 18 ci-dessus.

mettant toutes les explications désirables, sous le timbre de la présente dépêche.

Recevez, etc.

Le ministre de la marine et des colonies,

Signé : VAILLANT.

ANNEXE N° 20.

Messieurs, en portant à la connaissance des ministres des travaux publics, des finances et de l'intérieur, les instructions contenues, en matière de domanialité et de pêche maritimes, dans les circulaires du 3 avril dernier (1), mon prédécesseur a prié ses collègues de vouloir bien en corroborer l'effet par des recommandations adressées aux agents dépendant de leurs départements respectifs. M. le ministre de l'intérieur m'annonce, sous la date du 12 de ce mois, qu'il a récemment écrit aux préfets des départements du littoral pour confirmer ces instructions, et qu'il a enjoint à ces fonctionnaires de ne donner désormais suite à aucune demande en concession des lais et relais de la mer, à aucune autorisation d'établissement sur le rivage, sans que l'autorité maritime ait été préalablement consultée.

Dépêche du 22 juillet 1851 (inscription maritime).

Modifications apportées à l'ordonnance du 10 juillet 1835.

Il conviendra, en ce qui vous concerne, d'apporter dans l'examen de ces sortes d'affaires tout le soin et toute la précision désirables. Il importe, en effet, que les autres administrations soient amenées à reconnaître qu'en invoquant

---

(1) Voir l'annexe n° 19, ci-dessus, et le Bull. offic. de la marine 1851, n° 10, pages 288 et 292.

l'accomplissement des prescriptions légales rappelées par les circulaires du 3 avril, le département de la marine n'a point obéi à un sentiment de susceptibilité jalouse, à un désir d'accroissement d'attributions, mais qu'il s'est uniquement préoccupé de la défense des intérêts généraux qu'il représente.

Je saisis cette occasion de relever ici les divers actes qui ont apporté des modifications aux limites des pêches fluviales et maritimes, limites déterminées par l'ordonnance du 10 juillet 1835. *(Annales maritimes de 1835, partie officielle, pages 603 et 718.)*

. . . .

(Suivent les actes annoncés : voir Bulletin officiel de la marine, 1851, 2ᵉ semestre, page 50.)

Le ministre de la marine et des colonies,

Signé : P. DE CHASSELOUP-LAUBAT.

ANNEXE N° 21.

Dépêche du 13 septembre 1851

Établissements sur le rivage de la mer. — Au sujet d'une opinion erronée d'un commissaire de l'inscription maritime.

Monsieur le Préfet, j'ai pris connaissance des informations contenues dans votre lettre du 13 septembre 1851, et je regrette vivement qu'à l'occasion de l'établissement, par le commandant du génie, d'une cabane sur le rivage, le commissaire de l'inscription maritime à ....., après avoir soulevé une difficulté des plus intempestives, ait émis par suite, surtout auprès d'un fonctionnaire étranger à la marine, une opinion tout-à-fait erronée.

Il convenait d'examiner d'abord si l'emplacement de la cabane rentrait dans la catégorie déterminée par l'art. 13

de la loi du 10 juillet 1791, lequel réserve au ministre de la guerre la conservation de certaines propriétés nationales (1).

Si cet emplacement n'était point un terrain militaire, l'autorisation nécessaire à l'établissement de la cabane devait être demandée au Préfet des Pyrénées-Orientales.

M. le sous-commissaire X... ne doit point, en effet, ignorer que la conservation du rivage de la mer rentre dans les attributions du département des travaux publics, et je m'étonne qu'en présence des instructions si précises contenues dans les circulaires des 3 avril et 22 juillet derniers *(Voir les annexes n°* 19 *et 20),* cet administrateur n'ait point compris que mon département revendique seulement le droit exclusif d'autoriser, à titre temporaire et gratuit, l'établissement de parcs et pêcheries sur la mer et ses rivages; mais que, quant aux établissements sur le rivage, destinés à toute autre exploitation qu'à celle de la pêche maritime, quant à la concession de lais et relais de la mer, il s'est borné à insister, ce qui a été admis, pour qu'aucune autorisation de cette nature ne soit accordée par l'autorité compétente qu'après mon assentiment.

Dans la circonstance dont il s'agit, le commissaire de l'inscription maritime à ..... n'avait d'autre marche à suivre qu'à me signaler, par votre intermédiaire, ce qu'il considérait comme un empiètement, à déterminer le préjudice qui en résulterait pour les intérêts maritimes, afin de me mettre à même de prendre telles dispositions que m'eût suggérées l'examen de l'affaire.

(1; Voir le décret du 9 décembre 1811. (*Bull. des Lois.*)

Veuillez donc me transmettre ces renseignements, en n'omettant pas de me fixer sur la question de savoir si l'emplacement de la cabane est, ou non, un terrain militaire.

. . . .

Recevez, etc.

Le ministre de la marine et des colonies,

Signé : P. DE CHASSELOUP-LAUBAT.

ANNEXE N° 22.

A *Monsieur le Préfet du département du Calvados.*

Lettre du 21 octobre 1851 (inscription maritime).

Au sujet d'une destination donnée directement à un agent de la marine.

Monsieur le Préfet, j'ai pris connaissance des explications contenues dans votre lettre du 8 de ce mois, n° 48883, relativement à la désignation de M. le commissaire de l'inscription maritime à Honfleur, pour faire partie d'une des commissions locales instituées par votre arrêté du 30 juillet 1851, et chargées de la visite des côtes du département du Calvados.

Les observations que je vous ai adressées le 30 septembre dernier, ne portaient nullement sur l'objet que concerne votre arrêté, et qui rentre, en effet, dans vos attributions; je m'étais uniquement préoccupé de la destination donnée directement par vous à un agent de mon département, en dehors de l'action de ses supérieurs hiérarchiques. Je ne conteste pas que les préfets qui ont territoire et juridiction ne puissent, dans certains cas, réunir dans leurs mains tous les pouvoirs; mais cette centralisation exceptionnelle ne me paraît devoir se produire que lorsque l'ordre public est menacé, et non point dans les circonstances ordinaires, où chaque délégué de département ministériel doit agir dans la sphère de ses attributions.

L'exactitude de cette opinion devient plus sensible encore à l'égard des choses de la marine dont la nature est si particulière, si spéciale, qu'en voulant les faire rentrer dans le droit commun, on les soumet, en réalité, à un droit exceptionnel.

C'est sur la reconnaissance de cette vérité qu'ont été basés les actes constitutifs des attributions des préfets maritimes, actes auxquels l'arrêt du Conseil d'État du 23 avril 1840 (1) est venu donner une sanction définitive.

Ce n'est pas uniquement, au reste, à cause du caractère domanial des opérations mentionnées dans le 8e paragraphe de la circulaire du 3 avril 1851, aux conclusions de laquelle a adhéré le ministre de l'intérieur, que mon prédécesseur a a prescrit aux préfets de département de s'adresser aux préfets maritimes pour obtenir, dans l'occasion, le concours des agents de la marine : cette recommandation avait particulièrement pour but d'assurer le maintien des règles de la hiérarchie, même dans l'accomplissement d'actes rentrant dans les attributions de l'autorité départementale.

D'après le vœu que vous avez exprimé, j'autorise MM. les commissaires de l'inscription maritime à Honfleur et à Caen à participer aux opérations des commissions instituées par votre arrêté du 30 juillet 1851, et je donne aujourd'hui

(1) Recueil de Lebon, t. X, p. 128, 129 et 130.

même les ordres nécessaires à M. le Préfet du 1er arrondissement maritime.

Recevez, etc.

Le ministre de la marine et des colonies,

Signé : P. DE CHASSELOUP-LAUBAT.

ANNEXE N° 23.

Loi
du 9 janvier
1852.

Pêche côtière

ART. 2. — Aucun établissement de pêcherie, de quelque nature qu'il soit ; aucun parc, soit à huîtres, soit à moules ; aucun dépôt de coquillages ne peuvent être formés sur le rivage de la mer, le long des côtes, ni dans la partie des fleuves, rivières, étangs et canaux où les eaux sont salées, sans une autorisation spéciale, délivrée par le ministre de la marine.

Un règlement d'administration publique déterminera les formes suivant lesquelles cette autorisation sera accordée et pourra être révoquée.

ART. 3. — Des décrets détermineront, pour chaque arrondissement ou sous-arrondissement maritime :

1° . . . .

. . . .

9° Les conditions d'établissement de pêcheries, de parcs à huîtres, à moules et de dépôts de coquillage ; les conditions de leur exploitation ; les rets, filets, engins, bateaux et autres instruments, ainsi que les matériaux qui pourront y être employés.

. . . .

. . . .

Art. 5. — Quiconque aura formé sans autorisation un établissement de pêcherie, de parc à huîtres ou à moules, ou de dépôt de coquillages, de quelque nature qu'il soit, sera punie d'une amende de 50 à 250 fr., et pourra, en outre, être puni d'un emprisonnement de six jours à un mois.

La destruction des établissements formés sans autorisation aura lieu aux frais des contrevenants.

. . . .

. . . .

Art. 8. — Sera puni d'un emprisonnement de deux à dix jours et d'une amende de 5 à 100 francs :

. . . .

3° Quiconque se sera refusé à laisser opérer dans les pêcheries, parcs, lieux de dépôt de coquillages, bâteaux de pêche et équipages, les visites requises par les agents chargés, aux termes du § 1er de l'art. 14, de la recherche et de la constatation des contraventions.

. . . .

. . . .

Art. 11. — En cas de récidive, le contrevenant sera condamné au maximum de la peine de l'amende ou de l'emprisonnement ; ce maximum pourra être élevé jusqu'au double.

Il y a récidive lorsque, dans les deux ans précédents, il a été rendu contre le contrevenant un jugement pour contravention en matière de pêche.

Art. 12. — Pourront être déclarés responsables des amendes prononcées pour contraventions prévues par la présente loi, les armateurs des bâteaux de pêche, qu'ils en

7

soient ou non propriétaires, à raison des faits des patrons et équipages de ces bâteaux; ceux qui exploitent les établissements de pêcheries, de parcs à huîtres ou à moules et de dépôts de coquillages, à raison des faits de leurs agents ou employés.

Ils seront, dans tous les cas, responsables des condamnations civiles. Seront également responsables, tant des amendes que des condamnations civiles, les pères, maris et maîtres, à raison des faits de leurs enfants mineurs, femmes, préposés et domestiques.

Cette responsabilité sera réglée conformément au dernier paragraphe de l'article 1384 du Code civil.

. . . .

. . . .

ART. 15. — Le produit des amendes et confiscations sera attribué à la caisse des invalides de la marine, sous la déduction du cinquième de ces amendes et confiscations, lequel sera attribué à l'agent qui aura constaté la contravention, sans que cette allocation puisse excéder 25 fr. pour chaque infraction.

ART. 16. — Les infractions sont recherchées et constatées par les commissaires de l'inscription maritime, les officiers et officiers-mariniers commandant les bâtiments et les embarcations garde-pêches, les inspecteurs des pêches maritimes, les syndics des gens de mer, les prud'hommes pêcheurs, les gardes-jurés de la marine, les gardes-maritimes, et les gendarmes de la marine,

. . . .

. . . .

RAPPORT.

ANNEXE N° 24.

Monseigneur,

J'ai l'honneur de soumettre à votre approbation diverses mesures dont la promulgation récente de la loi sur la pêche maritime côtière nécessite l'adoption.

Décret.

Loi
du 21 février
1852.

La loi du 15 avril 1829 établit que des ordonnances insérées au *Bulletin des Lois* doivent fixer les limites entre les pêches fluviale et maritime dans les rivières affluant à la mer ; que ces limites sont les mêmes que celles de l'inscription maritime, mais que la pêche qui se fait en dessus du point où les eaux sont salées est soumise aux règles de police et de conservation établies pour la pêche fluviale.

Domanialité
maritime.

Si l'ordonnance du 10 juillet 1835 a déterminé les divers points de séparation de la pêche libre et de la pêche affermée, aucun acte n'a encore fixé les points à partir desquels doit s'exercer l'action des règlements relatifs à la police des pêches maritime et fluviale.

Cette lacune sera comblée dans les divers décrets à l'élaboration desquels il est actuellement procédé sous ma direction, conformément à l'article 3 de la loi du 9 janvier 1852, et, par suite, il me semble plus normal que la fixation des limites de l'inscription maritime, sur les fleuves et rivières affluant directement ou indirectement à la mer, soit désormais confiée à mon département, qui se concerterait préalablement avec l'administration des eaux et forêts.

La nouvelle loi sur la pêche n'a fait que reproduire les principes consacrés par les anciens règlements sur la matière, et il me paraît également plus conforme à la nature des choses, ainsi qu'à l'esprit de cette loi que le ministre de la marine soit appelé à déterminer à l'avenir, selon la règle posée dans l'article 1er, titre VII, livre IV, de l'ordonnance d'août 1681, les limites du *Domaine public maritime*, sur tous les points du littoral, excepté toutefois dans les ports de commerce et à l'embouchure des fleuves et rivières, ce qui implique pour le ministre de la marine le soin de procéder dans l'occasion aux déclarations administratives d'inaliénabilité et d'imprescribilité basées sur les articles 538 et 714 du Code civil.

Je m'empresse de faire remarquer que cette disposition ne porte aucune atteinte aux attributions du département des travaux publics, qui a mission de veiller à la conservation du rivage, des ports de commerce et travaux à la mer, ainsi que d'assurer l'exécution des règlements relatifs à la grande voirie.

C'est pour ce motif que je m'abstiens de réclamer la détermination des limites du domaine public maritime dans les ports de commerce. Quant à la délimitation du rivage à l'embouchure des fleuves et rivières, j'adhère aux conclusions d'une décision du Conseil d'État, en date du 24 janvier 1850, qui, en raison de la multiplicité et du caractère des intérêts engagés, attribue au ministre des finances la direction de cette opération (1).

_____

(1) Par suite d'une délibération du conseil d'administration de la

Je saisis, au reste, cette occasion d'appeler votre attention sur une omission regrettable que présente l'ordonnance du 23 septembre 1825 (1), relative à la concession des lais et relais de mer, c'est-à-dire, de portions du *Domaine de l'État* qui, aux termes des articles 557 du Code civil et 41 de la loi du 16 septembre 1807 (2), sont susceptibles d'appropriation.

Le ministre et l'administration de la marine ne sont point mentionnés, dans cet acte, parmi les diverses autorités qui doivent être préalablement consultées; bien que des dispositions amiables aient été concertées pour obvier aux conséquences d'une omission préjudiciable aux intérêts maritimes, il me paraît nécessaire de consacrer régulièrement cette modification. Il convient, d'ailleurs, qu'il soit également reconnu que mon département doit, *à fortiori*, être valablement consulté, préalablement à toute autorisation d'établissement, de quelque nature que ce soit, sur le domaine public maritime.

Tel est, Monseigneur, l'objet du projet de loi que j'ai l'honneur de soumettre à votre sanction, et dont l'adoption aura pour résultat, tout en préservant les intérêts considé-

---

direction générale de l'enregistrement et des domaines, en date du 18 juin 1850, le département des finances a remis à celui des travaux publics la direction des opérations de délimitation du rivage à l'embouchure des fleuves et rivières.

(1) Voir annexe n° 13.

(2) Voir annexe n° 9.

rables que j'ai mission de défendre, de faire disparaître toute occasion de difficultés et de conflits administratifs.

Je suis, etc.

Le ministre secrétaire d'état de la marine et des colonies,

Signé : Th. Ducos.

DÉCRET.

Louis-Napoléon, président de la République française ;

Vu l'ordonnance de la marine d'août 1681, livre IV, titre VII, article 1er ;

Les articles 538, 557, 714, 2226, 2232 et 2240 du Code civil ;

La loi du 16 septembre 1807, article 41 ;

Le décret du 16 décembre 1811 ;

Le décret du 10 avril 1812 ;

L'ordonnance du 23 septembre 1825 ;

La loi du 15 avril 1829, article 3 ;

L'ordonnance du 10 juillet 1835 ;

La loi du 23 mars 1842 ;

La décision du Conseil d'État, en date du 24 janvier 1850 ;

La loi du 9 janvier 1852, articles 2 et 3 ;

Les articles 56 et 58 de la Constitution du 14 janvier 1852 ;

Sur le rapport du ministre secrétaire d'état de la marine et des colonies ;

Le Conseil d'amirauté entendu ;

Décrète :

ART. 1er. — Des décrets du président de la République, insérés au *Bulletin des Lois*, et rendus sur la proposition du ministre de la marine, détermineront, dans les fleuves et rivières affluant directement ou indirectement à la mer, les limites de l'inscription maritime et les points de cessation de la salure des eaux.

ART. 2. — Les limites de la mer seront déterminées par des décrets du président de la République, rendus sous forme de règlements d'administration publique, tous les droits des tiers réservés, sur le rapport du ministre des travaux publics, lorsque cette délimitation aura lieu à l'embouchure des fleuves ou rivières, et sur le rapport du ministre de la marine, lorsque cette délimitation aura lieu sur un autre point du littoral.

Dans ce dernier cas, les opérations préparatoires seront indistinctement confiées, par le ministre de la marine, soit aux préfets maritimes, soit aux préfets de département.

Quant aux déclarations de domanialité, relatives à des portions du domaine public maritime, elles seront faites par les mêmes fonctionnaires, dont les arrêtés déclaratifs seront visés par le ministre de la marine.

ART. 3. — L'avis du ministre de la marine sera réclamé en ce qui concerne la concession des lais et relais de mer, et son assentiment devra être obtenu pour les autorisations relatives à la formation d'établissements, de quelque nature que ce soit, sur la mer et ses rivages.

ART. 4. — Les syndics des gens de mer, gardes-maritimes et gendarmes de la marine, pourront constater, concurremment avec les fonctionnaires et agents dénommés dans
les lois et décrets relatifs à la grande voirie, les établissements irrégulièrement formés sur le domaine public maritime.

Les commissaires de l'inscription maritime donneront,
dans ce cas, aux procès-verbaux de ces agents, la direction
indiquée par l'article 113, titre X, du décret du 16 décembre 1811. *(Voir annexe nº 11.)*

Fait au palais des Tuileries, le 21 février 1852.

Signé : LOUIS-NAPOLÉON.

Par le Prince Président :

Le ministre secrétaire d'état de la marine
et des colonies,

Signé : Th. DUCOS.

ANNEXE N° 25.

Dépêche
du
24 février
1852
(inscription
maritime).

Envoi du
décret
du 32 février
1852, sur
la domania-
lité
maritime.

Messieurs, l'article 2 de la loi du 9 janvier 1852 sur la
pêche côtière a formellement reconnu le droit exclusif du
département de la marine d'autoriser l'établissement de
parcs et pêcheries sur la mer et ses rivages ; de plus, en
vertu des autres dispositions de ladite loi, les infractions en
matière de parcs et pêcheries sont justiciables des tribunaux correctionnels.

Je vous transmets, ci-joint, précédé d'un rapport au
prince président de la République, un décret, en date du

21 de ce mois, contenant des dispositions complémentaires relativement à la fixation des limites de la pêche maritime dans les fleuves et rivières affluant directement ou indirectement à la mer. Ce décret contient, en outre, des dispositions préservatrices contre les empiétements préjudiciables aux intérêts maritimes.

L'exposé de motif contenu dans le rapport sur lequel est basé le décret du 21 février me dispense de toute instruction : cet acte n'est, au reste, que la confirmation des principes invoqués dans les circulaires des 3 avril et 22 juillet 1851, les dépêches des 13 septembre et 21 octobre de la même année, dont je vous invite à vous bien pénétrer.

Les administrateurs de la marine devront surtout ne point perdre de vue que les établissements irrégulièrement formés sur la mer et ses rivages, pour une exploitation autre que celle de la pêche, constituent des infractions en matière de grande voirie, justiciables des conseils de préfecture, et auxquels on ne saurait donner une autre suite que celle indiquée par l'article 4 du décret du 21 de ce mois.

Vous trouverez également reproduite à la suite de la présente circulaire celle que j'adresse aujourd'hui même aux préfets des départements du littoral.

Recevez, etc.

Signé : Th. Ducos.

ANNEXE N° 26.

Messieurs, il ne vous a point échappé que, dans ma circulaire du 24 février 1852, j'ai invité les préfets des dépar-

Dépêche
du
24 mars 1842
(inscription
maritime).

Exécution
du décret du
21 février
1852, en ce
qui touche la
détermi-
nation des
limites de
l'inscription
maritime
et de la
salure des
eaux dans
les fleuves,
rovières
et canaux
affluantdirec-
tement ou
indirecte-
ment à la
mer.

tements du littoral à se concerter seulement avec les préfets maritimes pour la détermination des limites de l'inscription maritime et des points de cessation complète de la salure des eaux sur les fleuves, rivières et canaux affluant directement ou indirectement à la mer.

Cette disposition est conforme au principe hiérarchique invoqué dans les circulaires du 3 avril 1851, et rappelé dans la dépêche du 21 octobre suivant. *(Annexes n°¹ 19 et 22.)*

Je vous ai recommandé, par ma circulaire du 12 mars courant, de vous attacher à redresser, chacun en ce qui vous concerne, les omissions que présente le tableau annexé à l'ordonnance du 10 juillet 1835.

Je dois, toutefois, vous faire observer que les commissions locales, instituées par la circulaire du 20 janvier 1852, n'ont point à se préoccuper des opérations de délimitation : ce soin incombe aux commissaires de l'inscription maritime et aux agents de l'administration des eaux et forêts.

Ainsi donc, lorsque les règlements particuliers seront suffisamment avancés, les préfets maritimes adresseront les réquisitions nécessaires aux préfets des départements du littoral, qui donneront des ordres aux administrateurs des eaux et forêts, afin que ces derniers se concertent successivement avec les commissaires de l'inscription maritime.

Aux termes du décret du 21 février 1852, les préfets des départements détermineront, sous la direction du ministre des travaux publics, les limites de la mer à l'embouchure des fleuves et rivières. Je crois opportun de faire observer aux administrateurs de la marine, qui sont régulièrement désignés pour faire partie des commissions spéciales, que cette limite doit être fixée au point où les eaux cessent d'être salées d'une manière sensible ; où l'on ne remarque plus de dépôts marins ; où l'influence des eaux sur la végétation n'est ni nuisible ni délétère ; où l'on ne rencontre plus d'herbe marine, ni aucun fait géologique prouvant une action puissante de la mer.

Recevez, etc.

Le ministre secrétaire d'état de la marine
et des colonies,

Signé : Th. Ducos.

ANNEXE N° 27.

Messieurs, la fixation du point de cessation de la salure des eaux dans les fleuves et rivières affluant à la mer, a soulevé un différend entre mon département et celui des finances. Ainsi que vous le savez, j'ai tenu à ce que l'opération se fît à marée haute d'équinoxe, tandis que mon collègue a persisté pour qu'elle s'effectuât à marée basse.

Afin de nous mettre d'accord sur la question qui nous divisait, nous avons dû procéder par voie de concession réciproque, et nous avons décidé, en conséquence, que la détermination du point dont il s'agit aura lieu à marée haute de pleine et de nouvelle lune.

L'application de ce nouveau principe entraîne naturellement l'annulation des opérations pratiquées dans l'espèce, en vertu de la loi du 21 février 1852, et conformément à ma circulaire du 23 mars de la même année, par les commissaires de l'inscription maritime, de concert avec les agents de l'administration des eaux et forêts. Il est arrivé, en effet, que ces fonctionnaires, exécutant les instructions de leurs

Dépêche du 8 décembre 1852 (inscription maritime). Fixation du point de cessation de la salure des eaux dans les fleuves et rivières affluant à la mer.

chefs respectifs, se sont attachés à déterminer, les uns à marée haute, les autres à marée basse d'équinoxe, le point où les eaux cessent d'être salées.

La promulgation des décrets règlementaires sur la pêche côtière se trouvant ainsi subordonnée désormais à l'accomplissement d'un travail basé sur le principe de la délimitation à marée haute de pleine ou de nouvelle lune, il importe, pour rester dans les termes de la loi du 9 janvier dernier, que ce travail soit terminé avant la fin du mois de décembre courant.

Dans tous les cas, je réclame à cet effet de M. le ministre des finances le concours immédiat des agents de l'administration des eaux et forêts, et je vous invite, en ce qui vous concerne, à prendre les mesures nécessaires pour que les opérations dont il s'agit ne souffrent aucun retard.

Vous voudrez bien, de votre côté, porter les dispositions qui précèdent à la connaissance des commissaires de l'inscription maritime de votre arrondissement, auxquels vous enjoindrez de s'acquitter avec zèle et promptitude de la tâche qui leur incombe.

La présente dépêche ne concerne pas les *canaux*, au sujet desquels il vous sera ultérieurement écrit.

Recevez, etc.

Le ministre secrétaire d'état de la marine
et des colonies,

Signé : Th. Ducos.

ANNEXE N° 28.

———

Messieurs, le dernier paragraphe de ma circulaire du 8 décembre 1852, relative à la fixation du point de cessation complète de la salure des eaux dans les fleuves et rivières affluant directement ou indirectement à la mer, contient une réserve en ce qui concerne la même opération dans les *canaux*.

Le décret du 23 décembre 1810, et les décisions du ministre des finances, en date des 26 décembre 1831 et 13 septembre 1832 (1), m'imposaient, en effet, l'obligation de réclamer le concours préalable de mon collègue au département des travaux publics.

M. Magne a exprimé, à cette occasion, l'appréhension de voir l'opération dont il s'agit exercer non-seulement dans les canaux et rivières canalisées, mais encore dans les autres cours d'eau, une influence compromettante pour la navigation fluviale.

Dépêche du 21 février 1853 (inscription maritime). 2ᵉ SECTION.

Fixation du point de la salure des eaux dans les canaux et rivières canalisées.

———

(1) *Décret du 23 décembre 1810* (inédit). — « ART. 1ᵉʳ : La mise en » ferme des canaux doit être exercée par l'administration des ponts-et-» chaussées.

» ART. 2 : Les fonds en provenant doivent être versés au trésor par » l'intermédiaire des droits-réunis. »

Décision du 26 décembre 1831. — « Les rivières canalisées sont, » quant à la pêche, assimilées aux canaux proprement dits. »

Décision du 13 septembre 1832. — « La location de la pêche dans » les rivières canalisées sera confiée à l'administration des ponts-et-» chaussées jusqu'au point où l'influence des ouvrages d'art exécutés » dans l'intérêt de la navigation, cesse de se faire sentir. »

J'ai insisté sur cette considération, que la fixation des points de cessation de la salure des eaux a pour objet de déterminer, en ce qui touche la pêche dite côtière, les limites de l'application des réglements spéciaux élaborés conformément à l'article 3 de la loi du 9 janvier 1852.

Afin de prévenir toute confusion, j'ai fait ressortir que, quant aux limites de l'inscription maritime qui séparent à la fois la pêche libre de la pêche affermée, et la navigation fluviale de la navigation maritime, l'ordonnance du 10 juillet 1835 les avait déjà déterminées ; que, de plus, l'article 1er du décret du 19 mars 1852, qui définit la navigation maritime, n'avait fait que reproduire les dispositions de la législation antérieure.

J'ai ajouté que l'ordonnance de 1835 n'avait pas subi, à ma connaissance, d'autres modifications que celles consignées dans la circulaire du 22 juillet 1851 ; que, comme je me proposais, tout en tenant compte de ces modifications, de maintenir les autres fixations de l'ordonnance précitée, les intérêts représentés par le département des travaux publics n'avait à redouter aucune atteinte.

Je n'ai pas, au reste, laissé ignorer à mon collègue mon intention de compléter la nomenclature de 1835 par l'indication, dans les règlements à intervenir, des rivières, canaux ou rivières canalisés qui ne figurent point dans cette ordonnance ; mais, prenant en considération les observations qu'il m'a adressées, je lui ai promis de ne point statuer à cet égard avant de m'être préalablement entendu avec lui.

En résumé, j'ai prié M. le ministre des travaux publics de vouloir bien inviter, le plus promptement possible, les fonctionnaire's placés sous ses ordres à se concerter avec les autorités maritimes ;

1° *Pour la fixation à marée haute, de nouvelle ou de pleine lune, des points de cessation complète de la salure des eaux dans les canaux et rivières canalisées.*

2° *Pour la détermination des limites de l'inscription maritime sur les cours d'eau dont l'indication aurait été omise dans la nomenclature de 1835.*

Mon collègue m'ayant fait tout récemment connaître qu'il avait écrit dans ce sens, je vous invite à adresser les ordres nécessaires aux commissaires de l'inscription maritime, et à réclamer en même temps l'intervention des préfets des départements de votre littoral, afin que les opérations de délimitation soient poursuivies avec activité.

Je ne terminerai pas cette dépêche sans porter à votre connaissance une observation du ministre des travaux publics sur la détermination des limites de l'inscription maritime et du point de cessation de la salure des eaux dans les canaux et rivières canalisés *protégés à leurs embouchures par des écluses ou barrages.*

Mon collègue inclinait à considérer, en tout état de choses, ces obstacles comme des limites à opposer invariablement à la pêche libre, à la navigation maritime, en même temps qu'à l'application des règlements sur la pêche côtière.

J'ai répondu qu'aux termes de l'article 1er, titre VII, livre IV, de l'ordonnance d'août 1681, le grand flot de mars, dans l'Océan, et le plus grand flot d'hiver dans la Méditerranée, déterminent la limite du rivage ;

Que la même règle s'applique à la fixation des limites de l'inscription maritime sur les fleuves, rivières et canaux, affluant directement ou indirectement à la mer, ainsi que l'a reconnu et admis, le 10 février 1835, la commission chargée de la préparation de l'ordonnance du 10 juillet suivant, et dans le sein de laquelle le département des travaux publics comptait trois représentants ;

Que la rédaction de cet article qui se termine ainsi : « et » jusqu'où le grand flot de mars se *peut étendre,* » indique suffisamment, à mon avis, l'intention bien arrêtée du législateur de considérer seulement l'action naturelle du flot, sans tenir compte des ouvrages ou travaux qui ne lui opposent pas définitivement et d'une manière permanente un obstacle infranchissable.

J'ai refusé, en conséquence, d'adhérer à une doctrine contraire, et dont on pourrait tirer de trop dangereuses conséquences au point de vue de l'inscription et de la domanialité publique maritime; mais je me suis montré disposé, le principe réservé, à adhérer dans la pratique, à des dispositions conciliatrices. J'ai donc annoncé que si des engagements antérieurs résultant de lois ou d'actes administratifs, avaient été déjà pris relativement à la mise en ferme de la pêche dans certains canaux, que si l'exercice de cette industrie était de nature à préjudicier aux travaux d'art, je consentirais à l'introduction, dans les règlements locaux, des réserves ou interdictions nécessaires.

En résumé, si les opérations relatives soit à la fixation des points de cessation de salure des eaux dans les canaux et rivières canalisées, soit à la détermination des limites de l'inscription maritime sur les cours d'eau omis dans l'ordonnance de 1835; si ces opérations, dis-je, donnaient lieu à des dissidences entre les ingénieurs et les commissaires de l'inscription maritime, ces derniers s'attacheraient à me faire parvenir promptement, et par votre intermédiaire, un rapport aussi précis et aussi complet que possible, afin que je puisse intervenir, sans retard, auprès du ministre des travaux publics.

Recevez, etc.

Le ministre de la marine et des colonies,

Signé Th. Ducos.

ANNEXE N° 29.

M. le Préfet, je réponds à la question que vous m'adressez par votre lettre du 15 février dernier, relativement à l'application de la loi du 21 février 1852.

Déjà, par ma dépêche du 23 avril suivant, n° 1387, j'ai été amené à vous faire remarquer que mon visa seul confère un caractère de validité aux arrêtés déclaratifs de domanialité, et que ces arrêtés sont rendus, *sur mes ordres exprès,* soit par les Préfets de départements, soit par les Préfets maritimes, sans que cette disposition porte la moindre atteinte à l'action centralisatrice de ces derniers par rapport aux attributions du département de la marine.

Le caractère explicite de l'article 3 de la loi précitée, établit suffisamment que ce sont les avis ou assentiments préalables du *Ministre de la marine,* et non d'aucun des fonctionnaires placés sous ses ordres, qui sont indispensables à la concession des lais de mer ou à la formation d'établissements, de quelque nature que ce soit, sur la mer et ses rivages.

Dépêche
du 8 mars
1853,
au Préfet
maritime
à Toulon.
(Inscription
maritime .
2e SECTION.

Les Préfets
marit'mes
douvent sou-
mettre au
Ministre de
la marine,
toutes les
affaires de
domanialité
maritime,
sans excep-
tion.

8

Vous devez donc me soumettre d'une manière absolue toutes les affaires de domanialité publique maritime, et il n'en est aucune sur laquelle vous ayez qualité pour statuer directement. Je saisis cette occasion d'insister sur cette observation qu'aucun arrêté déclaratif ne doit être rendu, qu'aucune opération délimitative ou rivage ne doit être entreprise sans mon autrrisation.

Aucune correspondance relative à l'instruction préparatoire des affaires de cette nature ne peut être échangée qu'entre vous et les Préfets des départements méridionaux. Cette disposition, destinée à établir une application uniforme de la loi, et à prévenir des complications inattendues, résultant de l'intervention directe des administrateurs placés sous vos ordres, a été expressément recommandée à leur attention en plusieurs circonstances : Circulaire du 3 avril 1852, § 18, aux Préfets maritimes, circulaire du 3 avril 1851, §§ 7 et 8, aux Préfets de départements; dépêche du 21 octobre 1851 au Préfet du Calvados; circulaire du 24 février, § 3, aux Préfets de départements; circulaire du 23 mars 1852, §§ 1 et 2, aux Préfets maritimes.

L'article 4 de la loi du 21 février 1852, qui détermine le mode d'intervention des commissaires de l'inscription maritime, relativement aux établissements irrégulièrement formés sur la mer et ses rivages, ne me paraît point nécessiter d'autre recommandation que celle consignée dans le pénultième paragraphe de ma circulaire du 24 février 1852, aux autorités maritimes.

Il demeure entendu qu'à cet égard ces administrateurs doivent se conformer aux prescriptions de la circulaire du 18 janvier 1853, et vous rendre compte, par l'intermédiaire de leurs supérieurs, des contraventions de l'espèce dont ils auront opéré la constatation.

Je vous ai, d'ailleurs, tracé par ma dépêche du 18 janvier 1853, n° 22, la marche qui doit être suivie par les commissaires de l'inscription maritime pour mettre opposition, le cas échéant, à tout projet de concession ou d'amodiation relatif, soit à des lais de mer, soit à des portions de domaine public, et pour lequel mon avis ou mon assentiment n'avait pas été réclamé.

Il ne vous a point échappé que l'article 2 de la loi du 21 février 1852 réserve au ministre des travaux publics la délimitation de la mer à l'embouchure des fleuves ou rivières : récemment en ce qui concerne l'Huveanne, présentant une largeur de 20 mètres seulement, et qui débouche sur la plage de Montredon, à Marseille, j'ai été amené à faire remarquer à mon collègue, ainsi qu'au Préfet des Bouches-du-Rhône, que, quelle que fût l'exiguïté de ces cours d'eau, les motifs de l'attribution au département des travaux publics (§ 7 du rapport précédent de la loi) de la délimitation du rivage à leur embouchure, n'en subsistaient pas moins : j'ai lieu de penser que cette observation a été définitivement accueillie.

Je ne crois pas inutile de vous communiquer une observation fort importante, que j'ai dû adresser dernièrement à l'un de vos collègues. Un administrateur avait dit, dans un avis destiné à la publicité, que : « les pêcheries et les *parties* » *du rivage*, sur lesquelles ces établissements sont situés, » rentrent sous la disposition exclusive du département de » la marine. »

Il y avait là une confusion fâcheuse, surtout dans les circonstances actuelles, et qui étaient de nature à soulever des réclamations fondées de la part des administrations des finances et des travaux publics.

J'ai donc rappelé :

Que l'article 2 de la loi du 9 janvier 1852 a confirmé, il est vrai, le droit exclusif du ministre de la marine, *seul*, d'autoriser les établissements de pêcheries ;

Mais que si la loi du 21 février suivant exige qu'il soit consulté pour la concession des lais de mer, et que son assentiment soit obtenu pour fonder un établissement de quelque nature que ce soit sur la mer et ses rivages, cette dernière disposition ne porte aucune atteinte (voyez § 6 du rapport au président de la République) aux attributions du département des travaux publics, qui a mission de veiller à la conservation du rivage, des ports de commerce et travaux à la mer, ainsi que d'assurer l'exécution des règlements relatifs à la grande voirie.

C'est pour ce motif que, dans les instances soulevées en pareille matière, j'ai toujours le soin de séparer la question de non-propriété de la pêcherie de la question de non-propriété des eaux ; il faut remarquer surtout que si la police des pêcheries et la répression des infractions y relatives sont exclusivement réservées à l'autorité maritime et aux tribunaux correctionnels (loi du 9 janvier 1852 et circulaire du 7 mai suivant), l'article 4 de la loi du 21 février 1852 a réservé, par continuation, la poursuite et la répression des délits de grande voirie, commis sur le domaine public maritime, à l'administration des ponts et chaussées et aux conseils de préfecture.

Recevez, etc.

Le ministre-secrétaire d'État, de la marine et des colonies,

Signé Th. Decos.

ANNEXE N° 29 *bis*.

Napoléon, etc.

Considérant que si l'organisation des pouvoirs publics offre à tous les citoyens les moyens de faire valoir leurs droit, et d'obtenir justice, il importe que, dans certains cas exceptionnels, ils puissent conformément à ce qui avait été réglé par le décret de 1806, nous adresser directement leurs réclamations ;

Voulant assurer à tous un libre et sérieux recours à notre autorité et à notre sollicitude personnelle ;

Décrétons :

ART. 1er. — Il sera formé dans le sein de notre Conseil d'État une commission de pétitions, présidée par un conseiller d'État et composée de deux maîtres des requêtes et de six auditeurs.

ART. 2. — Toutes les pétitions à nous adressées, et ayant pour objet de recourir à notre autorité, seront transmises à la commission, et immédiatement examinées par elle.

ART. 3. — Chaque semaine le président de la commission se rendra au palais des Tuileries pour nous remettre un rapport résumant les travaux de cette commission, et indiquant les propositions qu'elle aura cru devoir signaler à notre attention.

ART. 4. — La commission des pétitions sera recouvelée tous les trois mois.

Signé NAPOLÉON.

Le ministre d'État,

Signé Achille FOULD.

Décret du 18 décembre 1852.

Recours à la personne du souverain.

ANNEXE N° 30.

Dépêche
du 25 janvier
1853.
(Inscription
maritime).

2ᵉ SECTION.

Travaux
non autorisés
effectués
sur le rivage
de la mer.

Monsieur le Préfet, ...
. . . .
. . . .

Les réclamations que je serai probablement amené à
élever dans cette circonstance, auprès d'autres départements ministériels, auront moins de chances de succès en
présence, d'abord, du fait accompli et des difficultés que
peut soulever l'appréciation des titres invoqués : la situation
eut été meilleure, si au début des travaux, l'autorité maritime locale, sans recourir encore au moyen prescrit par
l'article 4 de la loi du 21 février 1852, avait formulé une
opposition basée sur la non-exécution de l'article 3 de
ladite loi, en vertu duquel mon assentiment est indispensable à la formation de tout établissement, de quelque nature qu'il soit, sur la mer et ses rivages.

Cette opposition, notifiée au sieur G... et à l'administration locale des ponts et chaussées, eût contraint cette dernière d'intervenir pour arrêter les travaux. De plus, si une
copie de cette pièce vous avait été envoyée par l'intermédiaire du chef du service de la marine à....., vous eussiez
pu agir auprès du Préfet du département de....., et réclamer au besoin mon intervention.

. . . .
. . . .

Le ministre-secrétaire d'État, de la marine et des
colonies,

Signé Th. Ducos.

TABLEAU

Des points jusqu'où s'étend l'action de l'inscription maritime dans les fleuves, rivières et canaux navigables.

———❖———

Ordonnance royale du 10 juillet 1835.

DÉPARTEMENTS.	RIVIÈRES ou PARTIES DE RIVIÈRES et Canaux.	POINT jusqu'où s'étend l'action de L'INSCRIPTION MARITIME.	OBSERVATIONS.
AUBE.	SEINE	Voir au département de la Seine-Inférieure,	Ord.e du 10 juillet 1835.
AUDE.	AUDE	Jusqu'au canton de Quillan, inclusivement,	Id. id.
BOUC.-DU-RHONE	RHÔNE, PETIT-RHÔNE,	La pointe nord de l'île de Vallabrègues	Id. id.
CALVADOS	DIVES	Le bac d'Anneray, commune de Méri-Corbon.	Id. id.
	ORNE	La chaussée de Montaigu, au bout du Grand-Cours-la-Reine, à Caen.	Id. id.
	TOUCQUES.	Breuil.	Id. id.
CHARENTE	CHARENTE	Voir au département de la Charente-Inférieure	Id. id.
CHAR.-INFER.re	CHARENTE	Écluse de Tonnay-Boutonne.	Id. id.
	CHARENTE	Port du Lys, inclusivement	Id. id.
	SEUDRE	Corme-Écluse, inclusivement	Id. id.
	SÈVRE-NIORTAISE	Pomère.	Id. id.
CHER.	LOIRE	Voir au département de la Loire-Inférieure.	Id. id.
CORRÈZE.	DORDOGNE	Voir au dépar.t de la Gironde	Id. id.
EURE.	RILLE	Commune de Rossey.	Id. id.
GARD.	CANAL-DE-GRAU-DU-ROI, ou ROBINE-D'AIGUES-MORTES.	Jusqu'au pont de bois de la ville d'Aigues-Mortes.	Id. id.
GARONNE (Haute)	GARONNE	Voir au dépar.t de la Gironde.	Id. id.
GIRONDE.	DORDOGNE	Castillon, inclusivement.	Id. id.
	GARONNE, GIRONDE.	Mondict, près et au-dessus de Saint-Macaire	Id. id.
	ISLE	Coutras, inclusivement.	Id. id.
	LEYRE	Au point situé à 1,500 mètres de l'embouchure, en amont du pont de la route départementale, no 4.	Décret du 16 mars 1850.
HÉRAULT.	HÉRAULT	Chaussée d'Agde.	Décret du 31 mai 1850.
	ORB	Le Roule, ou Pas-de-los-Egos.	Ord.e du 10 juillet 1835.
ILLE-ET-VILAINE	COUESNON	Voir au dépar.t de la Manche.	Id. id.
	VILAINE	Voir au dépar.t du Morbihan.	Id. id.

DÉPARTEMENTS.	RIVIÈRES ou PARTIES DE RIVIÈRES et Canaux.	POINT jusqu'où s'étend l'action de L'INSCRIPTION MARITIME.	OBSERVATIONS.	
INDRE-ET-LOIRE.	Loire	Voir au département de la Loire-Inférieure.	Ord.e du 10 juillet 1835.	
ISÈRE	Rhône	Voir au dépar.t des Bouches-du-Rhône	Id.	id.
LANDES.	Adour	Vinport, au-dessus de Saubusse.	Id.	id.
	Luy	La Baguère, com.ne de Sorde.	Id.	id.
	Gave-de-Pau	Demi-myriamètre au-dessus de Peyrehorade.	Id.	id.
LOIRE-INFÉR.re	Loire	Thouaré (rive droite); au pignon oriental de la dernière maison du susdit bourg (rive gauche); à la maison de la Prandière.	Id.	id.
	Sèvre-Nantaise	Jusqu'à quatre lieues au-dessus de son embouchure dans la Loire.	Id.	id.
MANCHE	Couesnon	Le port près la rivière de Sacey (commune de Sacey), et les moulins de Sangle, près Antrain.	Id.	id.
	Douve	A sa jonction avec le Merdret.	Id.	id.
	Madelaine	Chaussée de Baupt.	Id.	id.
	Sée	La ferme du Bas-Limon (commune de Tirpied).	Id.	id.
	Sélune	Digue des moulins de Ducey.	Id.	id.
	Sèves	Pont de Baupt.	Id.	id.
	Sienne	Moulin d'Hienville, au-delà du pont	Id.	id.
	Taute	Moulin de Bouhon	Id.	id.
	Vire	La descente de Bourgais, près du pont Saint-Fremond.	Id.	id.
MORBIHAN	Oust	Deux lieues au-dessus d'Aucfer, vers Malestroit.	Id.	id.
	Scorf	Moulin du Prince-Gorée.	Id.	id.
	Vilaine	Brins, à quatre lieues au-dessus de Redon.	Id.	id.
	Canal du Blavet.	Moulin de la Joie.	Id.	id.
PAS-DE-CALAIS.	Aa	L'Écluse, no 63, dans les fortifications de la place de Gravelines	Id.	id.
	Canche	Au bas de la ville de Montreuil.	Id.	id.

DÉPARTEMENTS.	RIVIÈRES ou PARTIES DE RIVIÈRES et Canaux.	POINT jousqu'où s'étend l'action de L'INSCRIPTION MARITIME.	OBSERVATIONS.
PYRÉNÉES (B.es)	BIDASSOA	Oudiver	Ord.e du 10 juillet 1835.
	BIDOUZE	Came	Id. id.
	NIVE	Ustaritz (1re nasse)	Id. id.
	NIVELLE	Olhagarry	Id. id.
SEINE-INFÉR.re	LÉZARDE	Harfleur	Id. id.
	SEINE	Poses, un peu au-dessus du pont de l'Arche	Id. id.
SOMME	SOMME	Limite inf.re de la commune d'Espagnette	Décret du 4 avril 1850.
	ANCIEN LIT DE LA SOMME, A HANGEST	Jusqu'au déors.r du Susomme.	Ord.e du 10 juillet 1835.
	PETITE-SOMME	Id. id.	Id. id.
	CANAL DE LA SOMME	Jusqu'au barrage éclusé de St.-Valery	Id. id.
VENDÉE	LAY	Morteville, commune de la Bretonnière	Id. id.
	VIE	La Mussardière de St-Maixent-sur-Vie	Id. id.

Vu pour être annexé à l'ordonnance du 10 juillet 1835,

Le ministre secrétaire d'État des finances,

Signé : HUMANN,

ANNEXE N° 31.

*Le Ministre de la marine à M. le Président de la section de
la guerre et de la marine du Conseil d'État.*

Monsieur le Président, je réponds aux observations contenues dans votre lettre du 8 décembre 1853, par laquelle
vous m'entretenez d'objections qui auraient été produites,
dans le sein du Conseil d'État, à l'occasion du projet de
décret joint à mon rapport à l'Empereur du 9 novembre
précédent, et qui concerne la délimitation du rivage à Pa-
lavas (quartier de Cette).

La loi du 21 février 1852 attribue au ministre de la marine les opérations de cette nature sur tous les points du
littoral, excepté toutefois à l'embouchure des fleuves et rivières.

Cette dernière opération est en effet réservée au ministre
des travaux publics; il ne faut pas perdre de vue, d'ailleurs, qu'elle a uniquement pour objet de déterminer sur
les fleuves et rivières seulement le point de séparation de la
rive et du rivage; et que, par conséquent, à partir et en
aval de ce point commence l'action délimitative du ministre
de la marine.

Les motifs de cette manière de procéder sont développées
dans les circulaires du 3 avril 1851 *(Annexe n°   )*, aux
conclusions desquelles ont explicitement ou implicitement
adhéré les départements de l'intérieur, des travaux publics
et des finances, conclusions auxquelles l'acte précité du
21 février 1852 (voir le rapport qui l'accompagne) a donné
une consécration légale.

Lettre
du 24 janvier
1854,
(Inscription
maritime).

2ᵉ SECTION.

Délimitation
du rivage
de la mer, —
canaux,
rivières cana-
lisées, —
explications.

Ainsi donc, je le répète, l'opération confiée au département des travaux publics a pour résultat de faire connaître où commence la mer, et conséquemment le rivage, c'est-à-dire, *l'embouchure* d'un fleuve ou d'une rivière : par ma circulaire du 23 mars 1852, dernier paragraphe *(Annexe n° 26)*, j'ai donné à cet égard, aux agents de la marine qui doivent naturellement concourir à cette opération, des instructions conformes à la doctrine professée par le ministre des finances et tous les auteurs de droit public.

Or, dans l'espèce, il résulte du plan joint au projet de décret, que les terrains sur lesquelles ont été conduites, par mes soins, les opérations délimitatives, que ces terrains, dis-je, sont situés au dessous de l'étang salé du Grec, c'est-à-dire d'une surface d'eau qui doit être considérée comme une portion de mer, ainsi qu'il résulte des diverses dispositions invoquées dans ma dépêche du 8 mars 1853. *(Annexe n° 29.)*

Ce fait topographique me paraît suffire à démontrer que le point qu'il appartient au département des travaux publics de déterminer se doit trouver en amont de l'étang salé du Grec, et à *fortiori,* des terrains délimités.

Il ne vous échappera pas, d'ailleurs, que la résolution exprimée par ma dépêche du 16 avril 1852, n° 1288, au préfet de l'Hérault, ne m'a été suggérée que par un sentiment de bienveillante et équitable tolérance, puisqu'il résulte des documents joints au dossier que dans certaines circonstances les eaux de la mer dépassent la limite parallèle à l'embouchure du lez, et que j'ai consenti à adopter, en vue de concilier tous les intérêts.

Ainsi que vous le faites remarquer, la loi du 21 février 1852 n'a statué, pour la détermination, qu'en ce qui concerne les fleuves et rivières. Il n'y avait point lieu, en effet, de se préoccuper des canaux.

D'abord, la loi du 21 vendémiaire an V reconnaît que « les grands canaux de navigation à l'usage public font es- » sentiellement partie du domaine public »; ensuite, les travaux d'art qui les constituent et les entretiennent ont précisément pour résultat de supprimer sur ces cours d'eaux tous les caractères distinctifs de la rive ou du rivage.

Quant aux *rivières canalisées,* divers actes qui ne figurent pas au *Bulletin des Lois,* et que, pour ce motif, j'ai reproduits dans ma circulaire du 21 février 1853 (*Annexe n° 28*), les assimilent aux canaux.

Je termine en faisant observer que si, à l'occasion des ordonnances des 6 octobre 1841 et 17 janvier 1846, j'ai été amené à signaler au Conseil d'État (dépêches des 31 janvier 1851, 28 mai et 4 juin 1852, n°ˢ 224, 1847 et 1896) certaines tendances envahissantes à l'égard du département de la marine, je me préoccupe scrupuleusement par cela même, de me renfermer exclusivement dans le cercle de mes attributions.

La lecture du neuvième paragraphe de ma dépêche du 8 mars 1853, relatif à la détermination de l'embouchure de l'Huveanne, en fournit une nouvelle preuve.

J'ajouterai que les diverses circulaires auxquelles je viens de me référer figurent, avec les annotations de doctrine qu'elles comportent, en tête des exemplaires des décrets du 4 juillet 1853 que j'ai transmis, le 17 de ce mois, au président du Conseil d'État pour être répartis entre les six sections qui le composent.

J'ai l'honneur de vous renvoyer mon rapport du 9 novembre, le plan, le dossier et le bordereau qui l'accompagnent. J'y joins la lettre du ministre d'état et la délibération que vous m'avez communiquée.

Recevez, etc.

Le ministre secrétaire d'état de la marine et des colonies,

Signé : Th. Ducos.

ANNEXE N° 32.

Dépêche du 1ᵉʳ mai 1855, (Inscription maritime).

2ᵉ SECTION.

Domanialité, —délimitation du rivage dans les ports de commerce.

Messieurs, par une lettre du 26 mars dernier, M. le ministre de l'agriculture, du commerce et des travaux publics fait connaître à M. le préfet des Bouches-du-Rhône que les délimitations du rivage *dans l'intérieur des ports de commerce* doivent, par continuation, être consacrées par des arrêtés des préfets de département, mais après concert préalable avec le département de la marine, qui doit être représenté dans les commissions chargées de procéder aux opérations délimitatives.

Ces conclusions sont basées sur les §§ 5, 6 et 7 du rapport précédent la loi du 21 février 1852, et sur cette considération que cet acte n'a explicitement statué qu'en ce qui concerne les délimitations poursuivies à l'embouchure des fleuves et rivières et sur le littoral.

J'appelle votre attention sur les informations qui précèdent. Elles font suite au paragraphe 9 de la circulaire du 8 mars 1853 et à la circulaire du 1ᵉʳ août 1854. (*Annexes nᵒˢ*

L'amiral ministre secrétaire d'état de la marine et des colonies,

Signé : HAMELIN.

ANNEXE N° 33.

Monsieur le président, à l'occasion d'une délimitation du rivage récemment accomplie dans un des quartiers du 5ᵉ arrondissement maritime, vous avez réclamé certaines explications relatives à l'application de l'article 1ᵉʳ, titre VII, livre IV, de l'ordonnance d'août 1681, aux termes duquel, « est réputé bord et rivage de la mer tout ce qu'elle couvre » et découvre pendant les nouvelles et pleines lunes, et jus- » qu'où le grand flot de mars se peut étendre sur les » grèves. »

Ainsi que le reconnaît le Conseil d'État, dans l'un des considérants de son avis du 24 janvier 1850, relatif à la détermination de l'embouchure de l'Orne, l'article ci-dessus reproduit « est la seule disposition législative qui éta- » blisse des règles relatives à la délimitation des rivages de » la mer. »

Cette conclusion est implicitement confirmée par le § 5 du rapport précédent la loi du 21 février 1852.

Aussi n'ai-je pu fournir, à cet égard, d'autres instructions que celles qui sont contenues dans le dernier paragraphe de la circulaire du 23 mars 1852 (*Annexe n° 26*), dans la note 1 de la page 114 de l'instruction précédent les décrets du 4 juillet 1853, les §§ 14 à 16 de la circulaire du 21 février 1853 (*Annexe n° 28*), ainsi que dans les dépêches qui vous ont été adressées les 24 janvier et 22 mai 1854 (*Annexe n° 31*).

Ces instructions ne font, au reste, que reproduire les

Lettre au président de la section de la guerre et de la marine au conseil d'État, en date du 21 juin 1855. (Inscription maritime).

2ᵉ SECTION.

Loi du 21 février 1852. — Délimitations du rivage dans l'océan et la Méditerranée. — Détermination de l'embouchure des fleuves et rivières. — Délimitations dans les ports de commerce.

conclusions des divers auteurs en matière de droit public, ils s'accordent tous sur le point dont il s'agit.

Il est dit au § 14 de la circulaire précitée du 21 février 1853 que « le grand flot de mars dans l'Océan et le plus » grand flot d'hiver dans la Méditerranée déterminent la » limite du rivage. »

La substitution du plus grand flot d'hiver au plus grand flot de mars, seul indiqué dans l'ordonnance de 1681, s'appuie sur les lois 96 et 112 du Digeste, *de verborum significatione. Littus est quousque maximum fluctus à mari pervenit; littus publicum est eatenus, quâ maximè fluctus exœstuat.*

La détermination consacrée par la loi romaine pour les rivages de la Méditerranée est encore admise aujourd'hui. Valin (t. II, p. 571 à 574); Merlin (*Questions de droit, v° rivages de la mer*); Proudhon (*Traité du Domaine public,* t. III, p. 51 et 52); Garnier (*Régime des eaux,* t. I, p. 18); Daviel (*Des cours d'eau,* t. I, p. 60); Charles Comte (*Traité de la propriété, v° de l'usage des rivages de la mer*), s'accordent sur la légalité de ce mode de détermination, qui s'explique, en outre, ainsi que vous le reconnaissez, par la faible influence de la marée dans la Méditerranée.

Vous demandez, par suite, « quelle est la règle suivie » pour appliquer les limites de ce grand flot d'hiver?

» Quelle époque de l'hiver on choisit pour cette appli- » cation?

» S'il y a, à cet égard, un texte sinon d'ordonnance au » moins de décision ministérielle? »

Vous terminez en m'invitant à donner aux commissions délimitatives des instructions dans le but de rendre leurs procès-verbaux plus explicites et plus complets en ce qui concerne les motifs de leurs opérations.

Que ce soit au moyen du plus grand flot de mars ou du plus grand flot d'hiver, les délimitations mentionnées dans la loi du 21 février 1852, n'ayant d'autre but que la constation d'un fait matériel, ne peuvent être conduites que d'après l'unique règle que fournisse la législation, règle dont la précision semble exclusive d'instructions complémentaires.

C'est par ce motif qu'en consacrant la compétence exclusive de l'autorité administrative en pareille matière, de nombreux arrêts ont reconnu, en outre, que les actes qui traduisent les résultats des opérations dont il s'agit ne sont pas de nature à être déférés au Conseil d'État par la voie contentieuse.

On ne pourrait donc que recommander aux commissions spéciales la plus grande attention dans l'établissement des plans et rapports qui servent de base aux décrets délimitatifs ou aux arrêtés déclaratifs à intervenir. La composition de ces commissions, dans lesquelles entrent toujours le commissaire de l'inscription maritime, l'ingénieur compétent des ponts-et-chaussées et un fonctionnaire de l'administration des domaines, dans lesquelles sont souvent appelés les officiers de la marine militaire, des agents des douanes, des pêcheurs et des douaniers, et, le cas échéant, des officiers municipaux : la composition de ces commissions, dis-je, est de nature à présenter toutes les garanties désirables, au point de vue de l'exactitude de la constatation toute matérielle qui leur est confiée.

L'un des considérants de l'avis du Conseil d'État, du 24 janvier 1850, est conçu en ces termes :

9

« Les autres moyens d'appréciation qui seraient tirés de
» la salure des eaux, de la nature des terrains et de la
» forme des rives sont sujets à varier dans leur applica-
» tion, d'après les lieux et les circonstances ; d'où il suit
» que l'appréciation des faits et des circonstances doit in-
» quer les éléments de la solution à donner dans chaque
» espèce. »

Cette conclusion explique comment l'application de l'article 1er, titre VII, livre IV, de l'ordonnance d'août 1681,
n'a été l'objet d'aucune ordonnance ou décision ministérielle complémentaire.

Au reste, les commissions qui, à diverses reprises, ont eu
à s'occuper de délimiter le rivage sur le littoral méditerra-
néen ont toutes interprété d'une manière identique l'expression de *plus grand flot d'hiver*, qui est pour elles syno-
nyme de plus grande vague.

Cette vague forme généralement sur les plages, aux ex-
trémités atteintes, un bourrelet parfaitement accentué, et
que l'on considère comme la limite du rivage.

Lorsque, par exception, dans des anses très-fréquentées,
ce bourrelet est modifié ou disparaît par le halage des bâteaux, lorsque le rivage est bordé de rochers peu élevés,
l'enquête à laquelle procède la commission auprès des pêcheurs, des domaines et des riverains permet, indépendam-
ment des divers diagnostics énoncés dans les circulaires
que rappelle le § 3 de la présente dépêche, de déterminer
avec exactitude les points atteints par les plus grandes va-
gues.

Je crois superflu d'ajouter que c'est pendant l'hiver
qu'elles se produisent.

Pour compléter les explications qui précèdent, j'ajouterai que la loi du 21 février 1852 n'a pas statué en ce qui concerne les délimitations à opérer sous la direction du ministre des travaux publics dans les ports de commerce.

Ma circulaire du 1ᵉʳ mai 1855 contient à cet égard des recommandations spéciales (*Annexe n° 32*).

Recevez, etc.

L'amiral ministre-secrétaire d'état de la marine et des colonies,

Signé : HAMELIN.

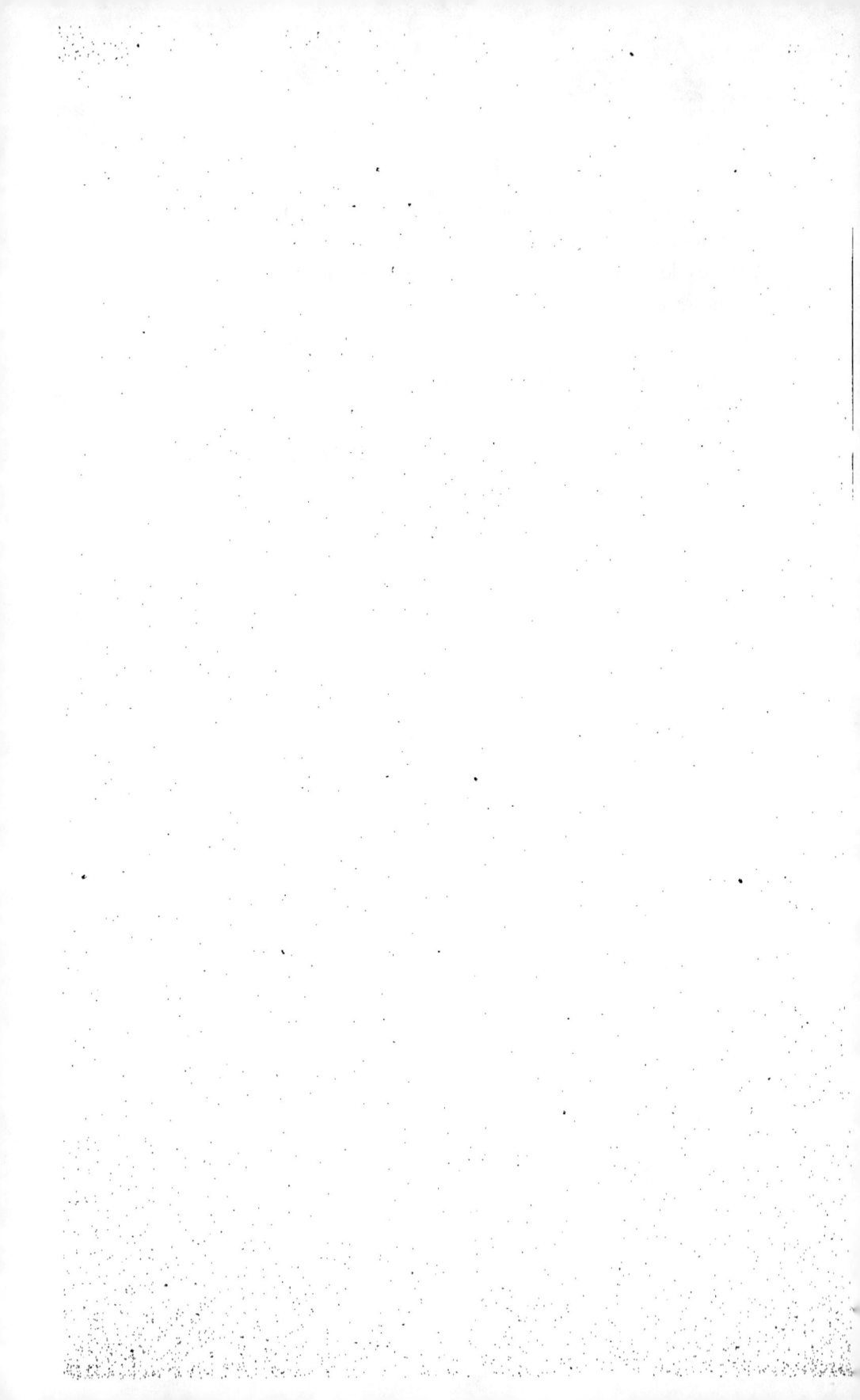

PROCÈS-VERBAL

DE CONTRAVENTION.

Cejourd'hui (*jour, mois et an*), nous (*nom, prénoms et grade de l'agent rédacteur*), faisant notre tournée de surveillance, avons remarqué un commencement de travaux d'endiguement sur le rivage de la mer, à l'endroit appelé (*désigner clairement l'endroit*). Nous étant aussitôt informé auprès du sieur (*nom et prénoms*), qui nous a été indiqué comme faisant établir ces travaux, s'il avait une autorisation à cet effet, il nous a répondu que non, attendu que le terrain sur lequel sont commencés lesdits travaux, faisant partie de sa propriété, il n'avait point cru être astreint à demander aucune espèce d'autorisation.

En conséquence, après avoir constaté que les travaux susdits consistaient en digues et fascinages en pieux, nous avons déclaré au sieur (*nom, prénoms et profession*) qu'il était en contravention aux dispositions des articles 2, livre IV, titre VII, de l'ordonnance de la marine du mois d'août 1681, et 3 de la loi du 21 février 1852; et nous avons dressé le présent procès-verbal pour être remis à M. le commissaire de l'inscription maritime à . . . . . et recevoir la suite prescrite par l'article 113 du titre IX du décret impérial du 16 décembre 1811.

Fait à . . . . . les jour, mois et an que dessus.

(Signature de l'agent.)

Nota. — Ce procès-verbal doit être affirmé dans les trois jours de sa date, soit devant le juge de paix du canton de la résidence de l'agent rédacteur, soit devant celui du canton où la contravention a été commise.

TABLE

DES MATIÈRES.

CHAPITRE CINQ.

CHAPITRE SIX.

SECTION PREMIÈRE.

SECTION DEUXIÈME.

CHAPITRE SEPT.

SECTION PREMIÈRE.

SECTION DEUXIÈME.

SECTION TROISIÈME.

SECTION QUATRIÈME.

TABLE DES ANNEXES.

NUMÉROS.	DATES DES ACTES.	NATURE DES DATES.	BUREAUX.	ANALYSES.
19	3 Avril 1851.	Dépêche.	Id.	Dispositions légales en matière de domania-lité et de pêche maritime.
20	22 Juillet 1851.	Dépêche.	Id.	Modifications apportées à l'ordonnance du 10 juillet 1835.
21	13 Septembre 1851.	Dépêche.	Id.	Établissement sur le rivage de la mer.
22	21 Octobre 1851.	Dépêche.	Id.	Au sujet d'une destination donnée directe-ment à un agent de la marine.
23	9 Janvier 1852.	Loi.	»	Pêche côtière.
24	21 Février 1852.	Rapport et décret.	»	Domanialité maritime.
25	24 Février 1852.	Dépêche.	Inscription maritime.	Envoi du décret ci-dessus.
26	23 Mars 1852.	Dépêche.	Id.	Instructions sur l'exécution du décret du 21 février 1852. — Salure des eaux dans les fleuves et rivières.
27	8 Décembre 1852.	Dépêche.	Id.	Fixation du point de la salure des eaux dans les eaux et rivières.
28	21 Février 1853.	Dépêche.	Id.	Fixation du point de la salure des eaux dans les canaux.
29	8 Mars 1853.	Dépêche.	Id.	Interprétation du décret du 21 février 1852. — Le ministre de la marine seul, à l'exclu-sion de tous autres fonctionnaires de la marine a qualité pour autoriser des éta-blissements sur le rivage de la mer.
29 bis.	18 Décembre 1852.	Décret impérial.	»	Recours à la personne du souverain.
30	25 Janvier 1853.	Dépêche.	Inscription maritime.	Travaux non autorisés effectués sur le rivage de la mer.
30 bis.	»	»	»	Tableau des points jusqu'où s'étend l'action de l'inscription maritime dans les fleuves, rivières et canaux navigables.
31	21 Janvier 1854.	Lettre au président de la section de la guerre et de la marine du conseil d'État.	Inscription maritime.	Délimitation du rivage de la mer à l'embou-chure des fleuves et rivières, — canaux, — rivières canalisées. — Explications.
32	1er Mai 1855.	Dépêche.	Id.	Domanialité. — Délimitation du rivage dans les ports de commerce.
33	21 Juin 1855.	Lettre au président de la section de la guerre et de la marine du conseil d'État.	Id.	Loi du 21 février 1852. — Délimitation du rivage dans l'Océan et la Méditerranée. — Détermination de l'embouchure des fleuves et rivières. — Délimitation dans les ports de commerce.

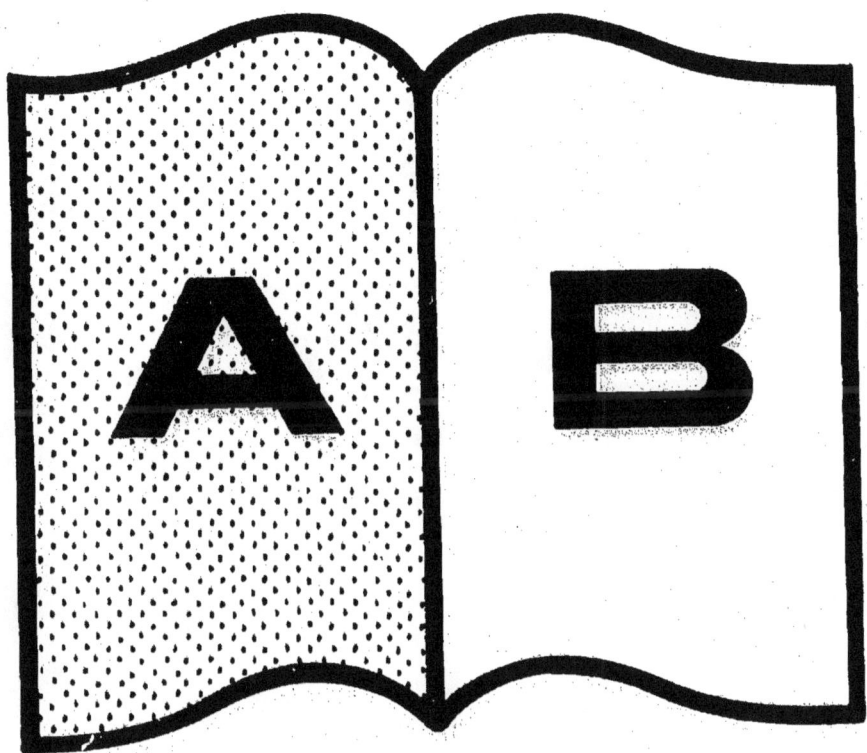

Contraste insuffisant

NF Z 43-120-14